Endres (Hrsg.) · Wiedenhorn · Engel
Das Portfolio in der Unterrichtspraxis

Sü

Wolfgang Endres (Hrsg.) · Thomas Wiedenhorn · Anja Engel

Das Portfolio in der Unterrichtspraxis

Präsentations-, Lernweg- und Bewerbungsportfolio

Beltz Verlag · Weinheim und Basel

Hinweis: Die Kopiervorlagen aus diesem Band stehen unter www.beltz.de/material zum Download als vereinfachte Word-Dokumente bereit, sodass sie an die eigenen Bedürfnisse angepasst werden können (Kennwort: 62600).

www.beltz.de
Lektorat: Alexandra Endres, München
Herstellung: Klaus Kaltenberg
Satz: Christian Herr, München
Illustrationen: Bernhard Zerwann, Bad Dürkheim
und Michael Ryba, Lenzkirch-Grünwald (S. 138f., 148ff.)
Foto auf S. 126: www.istockphoto.de
Druck: Druck Partner Rübelmann, Hemsbach
Umschlaggestaltung: glas ag, Seeheim-Jugenheim
Printed in Germany

ISBN 978-3-407-62600-4

Inhaltsverzeichnis

1 Ein Wort vorweg

Das Portfolio ist ...

„Ein Portfolio ist eine Mappe, die schützt, was man schätzt."

von Fletcher DuBois nach Th. Häcker 2006

... im Kontext des Lehrens und Lernens ein viel verwendeter Begriff und wird häufig unter dem Gesichtspunkt der Weiterentwicklung von Unterricht gesehen. Oft fehlt in der praktischen Umsetzung eine genaue Vorstellung davon, welche Abläufe notwendig sind und wie sich die Prinzipien der Portfolioarbeit in einzelnen Phasen umsetzen lassen. Die Intention dieses Bandes in der Reihe Beltz Praxis ist es, die Funktion dieses Lehr- und Lerninstruments aufzuzeigen und drei verschiedene Portfolioausrichtungen für die Schule zu entwerfen und vorzustellen. So wollen wir den Lehrenden und Lernenden zum einen den direkten Einstieg in die Portfolioarbeit ermöglichen und zum anderen den Portfolioerfahrenen neue Impulse bieten.

Nach der einschlägigen Fachliteratur lassen sich die verschiedenen Portfoliotypen nach deren Produkt- und Prozesscharakter differenzieren. Varianten dieser Typen möchten wir in drei unterschiedlichen Ausrichtungen auf den Unterricht übertragen, um so dem Portfoliokonzept eine gute Vorlage zur Praxisverwendung hinzuzufügen. Diese Verknüpfung und deren schrittweise Realisierung im Unterricht ist unser vornehmliches Ziel. Für die Schule schlagen wir ein Präsentations- oder Veröffentlichungsportfolio, ein Lernwegportfolio und ein Talent- oder Bewerbungsportfolio vor.

Das **Veröffentlichungs- oder Präsentationsportfolio** verstehen wir als Basis für die Portfolioarbeit im schulischen Kontext. Mit ihm lassen sich viele Themenfelder nach den fünf Prinzipien der Portfolioarbeit erarbeiten und die Ergebnisse in vielerlei Facetten veröffentlichen.

Eine zweite wichtige Säule bildet das **Lernwegportfolio**, das dem Lernenden die Möglichkeit bietet, sich einem Themenfeld intensiver zuzuwenden. Er kann sich selbstständig mit einem im Unterricht angedeuteten Teilaspekt oder einer für ihn offengebliebenen Fragestellung auseinandersetzen. Zudem sollte es mit diesem Lerninstrument möglich sein, dass sich ein Schüler freiwillig einem Themengebiet zuwendet, das er auf herkömmlichen Vermittlungswegen nicht durchdringen konnte. Dabei stehen der eigene Lernweg und die subjektive Herangehensweise im Mittelpunkt. Seine Unternehmungen, Erfolge und Reflexionen kann der Schüler dann in einem Lernwegportfolio dokumentieren.

Mit der dritten Variante, dem **Talent- oder Bewerbungsportfolio**, sollen Schülerinnen und Schüler die Möglichkeit erhalten, ihre Talente und schulischen Lernprodukte abzubilden und zu dokumentieren. Werden diese über einen längeren Zeitraum gesammelt und später gezielt ausgewählt und reflektiert, lässt sich damit der individuelle Lernweg eines Schülers darstellen und gegebenenfalls ein Bewerbungsportfolio darauf aufbauen.

Auf dem Hintergrund unserer langjährigen Unterrichts- und Portfolioerfahrung haben wir diese drei Varianten strukturell so geplant, dass vom Portfolioeinsteiger bis zum -erfahrenen die Ideen und Materialien leicht übertragen werden können. Großen Wert legen wir darauf, dass einer so praktizierten, individualisierenden Portfolioarbeit fünf Prinzipien zugrunde liegen, die letztlich zu einer neuen Lehrerrolle führen. Die Schülerinnen und Schüler werden stärker als bislang in die Planung, Umsetzung und Bewertung mit eingebunden. Aus der dozierenden Lehrerin oder dem dozierenden Lehrer wird ein Lernbegleiter und -berater, der das individuelle Kompetenzniveau in den Mittelpunkt rückt. Mit diesem Buch möchten wir über eine gelungene Praxis die Einführung des Portfoliokonzepts in den methodisch-didaktischen Methodenkanon voranbringen. Besonders bedanken wollen wir uns bei Prof. Dr. Thomas Häcker für die konzeptionelle und fachliche Beratung und Begleitung und bei Sabine Fenn-Abbenseth, die uns mit Materialien, Ideen aus der Praxis und ihrer langjährigen Erfahrung als Trainerin und Bewerbungscoach vor allem beim Bewerbungsportfolio unterstützt hat.

Anja Engel und Thomas Wiedenhorn
Stuttgart/Ludwigsburg im Herbst 2007

2 Der Portfolioansatz in der Theorie

2.1 Eine metaphorische Annäherung an den Begriff

Eine adäquate Definition für das Portfolio zu finden, ist aufgrund seiner methodischen Vielfalt, Heterogenität und mannigfachen Einsatzmöglichkeit des Mediums eine besondere Herausforderung. Mithilfe zweier bildlichen Annäherungen soll versucht werden, den Begriff in seiner Bandbreite evident werden zu lassen und eine erste Vorstellung davon zu vermitteln. Ein Portfolio ist, wörtlich übersetzt, ein tragbares Blatt (von *„portare“* und *„foglio“*) (vgl. Häcker in Brunner/Häcker/Winter 2006, S. 27). Im pädagogischen Bereich bedeutet es, dass eine Sammlung von aussagekräftigen Produkten angelegt wird, die den entsprechenden Lernprozess verdeutlichen. Eine gezielte, kriteriengebundene Auswahl bietet dann eine überschaubare und *„tragbare“* Anzahl an *„Blättern“*. Für die Präzisierung des Portfolioansatzes lassen sich drei Metaphern verwenden, welche die verschiedenen Facetten des Ansatzes sichtbar werden lassen:

Ein Portfolio ist wie …

- ein hindernisüberwindender Übergang in Form einer **Brücke**, welche die wechselseitige Interaktion zwischen Lehren, Lernen und Beurteilen zulässt (vgl. Murphy/Smith 1992; Schwarz 2001, S. 24).
- ein Reflexionsmedium in Gestalt eines **Spiegels** (vgl. Keefe 1995), das die Möglichkeit bietet, den Blick auf einen Gegenstand von ganz unterschiedlichen Personen aus ganz unterschiedlichen Richtungen vorzunehmen, um so eine subjektive und objektive Einschätzung zu ermöglichen.
- eine Öffnung oder Passage, die den Blick auf das Interessanteste und Wichtigste richtet. Wie ein **Schaufenster** lenkt das Portfolio den Fokus des Lesers auf das Ausstellungswürdigste und individuell Besondere (vgl. Bräuer 2000, S. 22).

Diese drei Bilder zeigen jeweils ein wichtiges Moment der Portfolioarbeit, greifen es heraus und versuchen, die Form des Transfers zu verdeutlichen. Das Portfolio reicht aber über die Aspekte der Interaktion und Kommunikation, der Reflexion und Fokussierung auf das Aussagekräftigste und Wichtigste hinaus. Im Bildungskontext bietet der Ansatz eine Reihe wichtiger Impulse für die Weiterentwicklung von Lehr- und Lernsituationen, die eine Verknüpfung von Lerninhalten, -strategien, -bewertung, -begleitung und -beratung auf mehreren Ebenen ermöglichen. Zunächst stellt das Portfolio eine Sammlung von Produkten dar, die einem oder mehreren Lernenden die Möglichkeit bieten, die eigenen Lernbemühungen, -verläufe und -zuwächse in einem Behältnis, welcher Art auch immer, abzulegen und gebunden an eine bestimmte Auswahl darzustellen.

2.2 Die Entwicklung des Portfolios – von der Sammelmappe zum Mittel für das Öffnen des Unterrichts

Der Portfolioansatz hat eine lange Tradition, und daraus haben sich für die verschiedensten Bereiche (Ökonomie, Kultur, Sprachen) sehr differente Entwicklungslinien ergeben. Aus dem angelsächsischen Raum ist das Portfolio für den Bildungsbereich zuerst über die skandinavischen Länder in der Schweiz und in Österreich eingeführt worden. Seit Anfang der 1990er Jahre wird es als Mitgestaltungs-, Beurteilungs-, Reflexions-, Interaktions- und Veröffentlichungsmedium in dieser Disziplin stärker wahrgenommen und diskutiert. Die steigende Zahl an Publikationen kann darüber hinaus als Indikator für das gewachsene Interesse der am Bildungsprozess Beteiligten gedeutet werden (vgl. Häcker in Brunner/Häcker/Winter 2006, S. 29).

Der Portfolioidee liegt das Bedürfnis des Individuums zugrunde, Wertvolles, Alltägliches oder Einzigartiges zusammenzutragen und sich ein Bild davon zu machen. Es ist eine Form der Auseinandersetzung mit dem Objekt und dadurch indirekt eine emotionale, ästhetische, visuelle und kognitive Aneignung der Welt.

Der Ansatz des Portfolios im Bildungskontext reichte aber von Anfang an über den Aspekt des Sammelns und Zusammentragens von Objekten hinaus. Richtet sich doch das primäre Interesse der institutionalisierten Bildungseinrichtungen darauf, Lehr- und Lernprozesse effektiver zu gestalten. Mithilfe des Portfolios soll eine neue Form des Lernens und Lehrens möglich sein, welche die Selbstbestimmung und Selbststeuerung des Lernenden zum Ziel hat. Darüber hinaus kann es gelingen, die auf Machtausübung insistierende Ungleichheit zwischen Lehrendem auf der einen und Lernendem auf der anderen Seite abzubauen. Damit ist nicht gemeint, dass „unter der Etikette der Stärkung der Eigenverantwortung die Rückdelegation der Verantwortung für Erfolge und Misserfolge an die Lernenden" (Häcker 2006, S. 3) verstanden wird.

Sind bisherige Lernsituationen häufig auf Situationen zwischen Dozent und Lernenden bezogen, ritualisieren beide Seiten eben diese Form der Vermittlung. So werden vorwiegend Lernprozesse mit visueller und auditiver Fokussierung trainiert, optimiert und letztlich zum Maßstab erhoben. Lernende, die mit dieser Form der Informationsaufnahme und -bearbeitung nicht zurechtkommen, können ihr Leistungspotenzial nur bedingt ausschöpfen und fallen dann durch abweichende Verhaltens- und Handlungsweisen auf. Viel Zeit und Energie wird darauf verwendet, die Lerngruppen zu disziplinieren und reglementieren. Das Portfoliokonzept bietet als gezielt eingesetztes Instrument oder als methodische Großform die Möglichkeit, Unterricht punktuell und strukturell zu modifizieren.

2.3 Vom idealtypischen Verlauf zu den Implikationen des Portfoliokonzepts

Die Portfolioarbeit läuft in einzelnen Unterrichtssituationen sehr unterschiedlich ab und ist abhängig von den zu vermittelnden Inhalten, der Lerngruppe und vom Lehrenden. Trotz der individuellen Gestaltungsmöglichkeiten lassen sich fünf verschiedene Phasen unterscheiden, die zweck- und zielgerichtet aufeinander aufbauen.

In der **Einführungsphase** wird zunächst die thematische Ausrichtung vereinbart, die abhängig ist von den curricularen Vorgaben. Gemeinsam mit den Lernenden wird, zum Beispiel in Form einer Mindmap, die thematische Grundstruktur erarbeitet und darüber an das Vorwissen und die Vorerfahrungen der Schülerinnen und Schüler angeknüpft. Die gemeinsam entwickelte Gedankenlandkarte dient im Verlauf der Portfolioarbeit immer wieder dazu, sich im Themenbereich zu orientieren.

Im Mittelpunkt der Einführungsphase steht die Mitgestaltung des Lernenden an der inhaltlichen Ausrichtung, der Wahl der Sozialformen für den Arbeitsprozess, die gemeinsame Festschreibung des zeitlichen und organisatorischen Rahmens und der Abgleich verbindlicher Arbeits- und Bewertungskriterien.

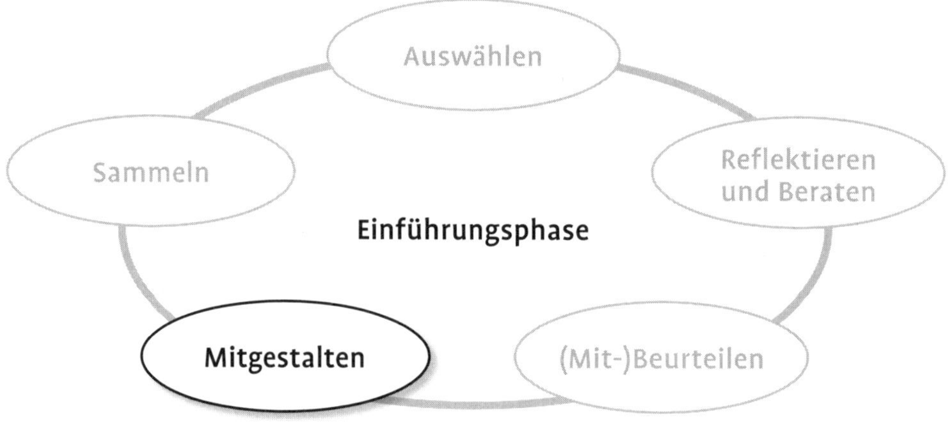

Der Übergang in die **zweite Arbeitsphase** bildet die Wahl einer bestimmten Themenstellung durch den Lernenden. Ist diese gefunden, legt er seine individuellen Interessensgebiete fest und versucht, eine oder mehrere Fragestellungen auszuformulieren, die er mit seinem Portfolio bearbeiten möchte. In Abhängigkeit vom Erfahrungsstand der Lernenden mit der Portfolioarbeit und dem jeweiligen Thema wird die Sozialform vereinbart.

Danach kann mit dem **themenzentrierten Sammeln** und **Zusammentragen von Material** begonnen werden. Es gilt, dieses regelmäßig zu sichten, um einen Überblick zu behalten und über die Sortierung der Produkte eine eigene Portfoliostruktur abbilden zu können.

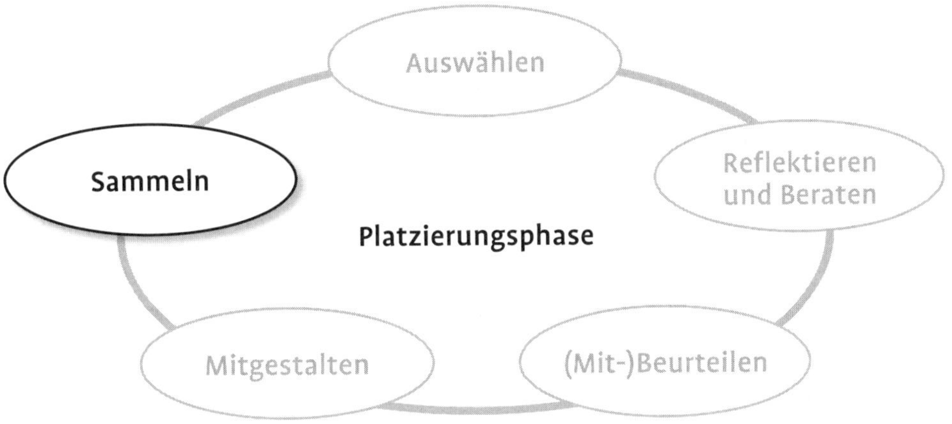

Nachfolgend beginnt die eigentliche **Arbeitsphase**, in der die Auswahl an Materialien die Grundlage für die Bearbeitung möglicher Pflichtaufgaben oder die Beantwortung der individuellen Fragestellungen ist. Bis dahin ist eine **mehrschrittige Er- und Überarbeitungsphase** notwendig, um die einzelnen Produkte für die Einlage ins Portfolio nach und nach zu verbessern.

Mit sogenannten Pflichtaufgaben können bestimmte Kompetenzbereiche durch den Lehrer oder die Lehrerin in die Portfolioarbeit eingebracht werden. Durch gezielte Arbeitsaufträge müssen allgemeine Sachzusammenhänge erschlossen werden. So lässt sich sogar in selbst gesteuerten Arbeitsphasen ein Mindestanforderungsstandard für die Lernenden garantieren. Sind all diese Arbeiten erledigt, kann eine erste Auswahl der eigenen Produkte vorgenommen werden. Mithilfe einer gezielten Auswahl an Produkten und Zwischenprodukten kann die Portfolioautorin oder der -autor ihren oder seinen Lernprozess abbilden.

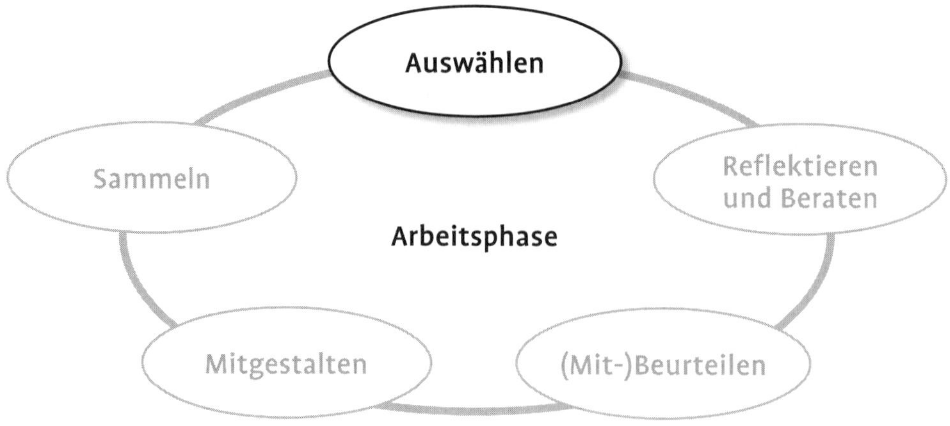

Über die reine Ablage und Sammlung geht das Portfolio insofern hinaus, als dass es eine kriteriengebundene und zielgerichtete Auswahl der in den vorausgegangenen Phasen erarbeiteten Produkte vorsieht. Dies gelingt nur, wenn der Lernende während der Er- und Überarbeitungsphasen vom Lehrenden begleitet und beraten wird. Auf dem Weg soll dem Lernenden der Überarbeitungs- und Reflexionsprozess ermöglicht werden. So kann der Lernzuwachs von der Zielformulierung bis hin zur Abschlussreflexion in den Einlagen und der Veröffentlichung sichtbar gemacht werden. **Die Phase der Reflexion und Beratung** reicht von der Themenfindung bis zur Veröffentlichung des Portfolios. Einer thematischen Ausrichtung geht vor allem beim Lernwegportfolio eine Diagnose der individuellen Lernsituation voraus, die vom Lehrenden initiiert und angeleitet wird. Während der Portfolioarbeit ist eine intensive Begleitung und Beobachtung die Basis für eine subjektive Förderung. Die Reflexion und Beratung des Lernenden umfasst letztlich die konkreten Lern- und Leistungsmerkmale auf den Ebenen:

- **inhaltlich/fachlich**
  (Wissen und Wissenszuwachs, Verstehen und Verstehenszusammenhänge, Erkenntnisse und Urteile)
- **methodisch**
  (Lernformen und -strategien, Arbeits- und Sozialformen, Gesprächs- und Kooperationsrollen)
- **individuell**
  (Anstrengung, Lernfortschritte, individuelle Lernstrategien)

Neben der Einschätzung des eigenen Lernverlaufs richtet sich die Reflexion auch auf die Aspekte der Lernerselbstdiagnose und -selbstbewertung (L. Paradies u.a. 2007, S. 15).

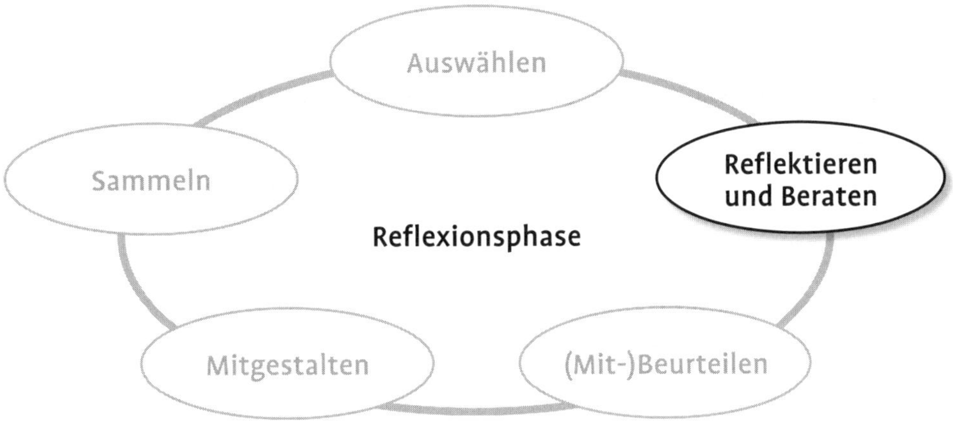

An die Reflexion schließt sich die **Phase der Veröffentlichung** des Portfolios oder bestimmter Produkte an. Je nachdem, ob und in welcher Weise veröffentlicht wird, richten sich Zeitpunkt und Gliederung der Leistungsbewertung des Teilaspekts aus. Es sind neben der mediengestützten Vorstellung oder Präsentation noch andere Formen denkbar wie eine Ausstellung mit Vernissage, schulinterne oder -externe Veröffentlichungen im Zeitschriften- oder Buchformat, Internetauftritte, Aufführungen, Schauspiele und Darbietungen aller Art.

Die Veröffentlichung ist als ein gewichtiger Teil des Portfolios anzusehen und sollte deshalb auf jeden Fall mit in die Bewertung einfließen. Neben den formalen und personalen Kriterien spielt für die Leistungsbewertung der Aspekt der Partizipation eine wesentliche Rolle. Sie kann idealtypisch von allen am Portfolioprozess Beteiligten beeinflusst sein. Dies können neben dem durchführenden Lehrer noch außerschulische Experten, Fach- und Klassenlehrer, Mitschüler und natürlich der Lernende selbst sein. In gleichen Teilen von Lernenden- und Lehrendenseite vorgenommen und getragen, wird dadurch die individuelle Mitgestaltung des portfoliobasierten Lern- und Arbeitsprozesses unterstützt. Zugleich wird deutlich, wie ehrlich es von Lehrendenseite gemeint ist, Machtstrukturen aufzulösen und Zuständigkeiten abgeben zu wollen.

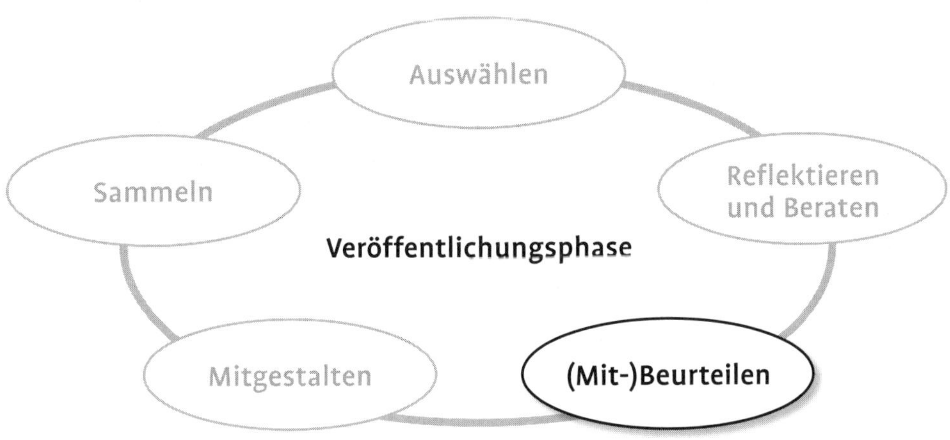

Im Mittelpunkt der unterrichtlichen Arbeit stehen beim Einsatz eines Portfolios die Aspekte Individualisierung, Effektivierung und Strukturierung von Lehr- und Lernprozessen. Aufseiten der Schülerinnen und Schüler sollen verschiedene Kompetenzen und Standards vermittelt werden, die es ihnen ermöglichen, selbstbestimmt, eigenverantwortlich und zielgerichtet ihre Problem- und Aufgabenstellungen zu lösen und zu bearbeiten, die sich aus einem situativen und inhaltsgebundenen Kontext heraus ergeben. Mit dieser Art des Lernens und Lehrens kann eine Öffnung des Unterrichts verbunden sein. Das Arbeitsniveau und der Grad der Eigenverantwortlichkeit ist bei der Portfolioarbeit zunächst von den formalen Grundfertigkeiten des Lernenden abhängig. Hierzu zählen Lesen, Schreiben, Rechnen sowie sprach- und fremdsprachengebundene Kommunikation, ein allgemeines gesellschaftliches Allgemein- und Orientierungswissen, kognitive, soziale und praktische Schlüsselfertigkeiten, das kreative Potenzial hinsichtlich der Gestaltungsprinzipien und der Kompetenz des selbstständigen und eigenverantwortlichen Denkens und Handelns (vgl. Dohmen 2003, S. 2). Mit solchen Basis- und Schlüsselkompetenzen können auch einzelne Schritte entsprechend selbst gesteuert und selbstbestimmt verlaufen. Bei den Grundfertigkeiten befördern Lesen und Schreiben die selbstständige Auseinandersetzung mit einer Themenstellung, während bestimmte Schlüsselkompetenzen wie Lernstrategien, Sozialkompetenzen oder Methodenwissen noch vor oder im Verlauf der Erarbeitung erworben werden können.

Für den Lehrenden gilt es, den Portfolioeinsatz hinsichtlich seiner Hinführung und Vorbereitung, Realisierung, Begleitung und Beratung, der Veröffentlichung und Auswertung vorzubereiten, zu unterstützen und zu begleiten. Seine Hauptaufgabe liegt in der planerischen Vorarbeit und Gestaltung der Portfolioeinheit wie die thematische Einbindung ins Kerncurriculum und die Koordination von fächerübergreifender Vernetzung etwa personeller, informeller oder räumlicher Art. Im Verlauf der Portfolioarbeit tritt er als Lernbegleiter und -berater und Fachmann beziehungsweise Fachfrau auf, während er als Koordinator der unterschiedlichen Arbeitsstrategien und Leistungsbewerter zusehends in den Hintergrund des Geschehens rückt. Insofern liegt seine Professionalität in der Planung der Lernumgebung, die so angelegt und gestaltet sein muss, dass er möglichst viel über den Lernprozess der Schülerinnen und Schüler erfährt (vgl. Gläser-Zikuda/Hascher 2007, S. 32).

Die methodisch-didaktische Grundlage einer portfoliogestützten Einheit bildet wie jeder normale Unterricht auch die Ziel-, Inhalts- und Methodenrelation, deren Teilaspekte sich wechselseitig bedingen und aufeinander bezogen sind. Grundlegend sind Ziel- und Inhaltsaspekt im jeweiligen Curriculum verankert und legen die zu erreichenden Kompetenzen als Mindeststandard fest.

Die methodischen Entscheidungen folgen im periodisch geplanten Regelunterricht den Ziel- und Inhaltsentscheidungen und sind unter anderem bestimmt von planerischen, sachlogischen und didaktischen Überlegungen. Die Entscheidungshoheit über die Gestaltung des Unterrichtsverlaufs liegt aufseiten des Lehrenden, der sich entsprechend der Sequenzierung des Unterrichts in einem kontinuierlichen Entscheidungsfindungsprozess befindet. Bei der Durchführung der Einheiten werden die Inhalte zielorientiert, kleinschrittig und methodisch ansprechend dargeboten. Es folgt meist eine Konkretisierung oder Problematisierung des Zusammenhangs mit anschließender gemeinsamer Erarbeitung von Lösungen, Regeln oder Manualen. In weiteren Übungs- und Wiederholungsphasen werden dann die erarbeiteten Aspekte vertieft und gefestigt.

Die Portfolioarbeit folgt ebenfalls der Inhalts-, Ziel- und Methodenrelation im didaktischen Dreieck.

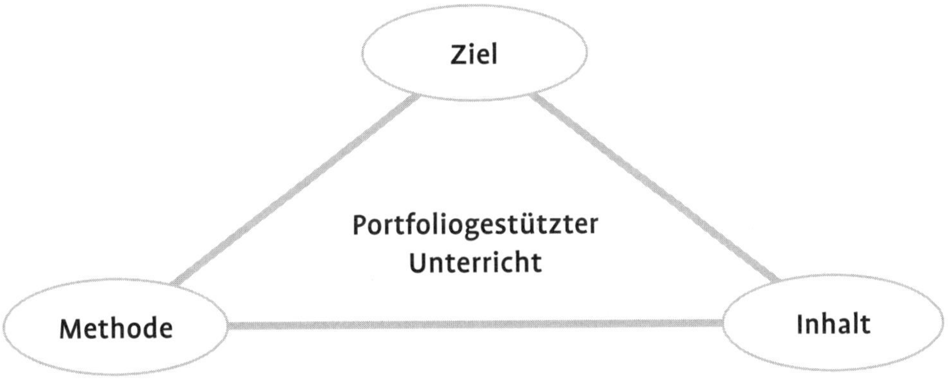

Auf eine lehrerzentrierte Inszenierung und Darbietung des Unterrichtsinhalts wird zugunsten einer ausgedehnteren selbstbestimmten Er- und Überarbeitungsphase aufseiten des Lernenden verzichtet. Nach der Inszenierung des Anfangs ist es das Ziel, die Schüler zunehmend mehr in die Gestaltung der Portfolioarbeit, insbesondere in die individuelle Lernverlaufsplanung einzubinden. Es ist dabei der „dialektische Widerspruch von Führung und Selbsttätigkeit […], der den Unterrichtsprozess voran […] treibt“ (Klingberg 1989, S. 188).

Das bedeutet, dass letztlich genau zu prüfen ist, an welcher Stelle des unterrichtlichen Kontexts das Portfolio eingesetzt wird, wie inhaltlich gearbeitet wird und welche Methoden hierfür notwendig sind, damit sowohl individuelle als auch gemeinschaftliche Zielsetzungen erreicht werden können.

2.6 Die Intention des Portfolios

Das Portfoliokonzept hat Bewegung in die Diskussion über Unterrichtsgestaltung gebracht und den Kanon der methodischen Großformen erweitert. Es steht für eine Weiterentwicklung des Unterrichts, welche die Hauptperson des Lernens zurück in den Fokus der standard- und kompetenzorientierten Unterrichtspraxis gerückt hat. Zudem wird eine Modifikation der Leistungsbewertungspraxis ermöglicht, die den Schülerinnen und Schülern die Individualisierung des eigenen Arbeitsprozesses überträgt, niveauadäquate Leistungen einfordert und multipersonale Bewertungsperspektiven eröffnet. Damit verbunden ist eine Autonomie in Entscheidungsfindungsprozessen, Eigenverantwortlichkeit und die Notwendigkeit einer veränderten Leistungsmessung, die einen Abgleich mit dem Lernzustand zu Beginn und am Ende der Portfolioarbeit erfordert. Von der Themenfindung, über Auswahl, Strukturierung und Gewichtung der Inhalte bis hin zur sprachlichen und grafischen Ausgestaltung des Portfolios bleiben alle Fäden in der Hand der Produzenten/innen und Autoren/innen, die hierfür dann auch die Verantwortung für den eigenen Lern- und Arbeitsprozess tragen oder im Team aufteilen.

Der Portfolioansatz lässt sich im schulischen Kontext enger oder weiter fassen, womit eine entsprechende Verankerung auf verschiedenen methodisch-didaktischen Ebenen verbunden ist. Es besitzt eine größere methodisch-didaktische Reichweite, wenn es als umfassendes Lehr- oder Lerninstrument eingesetzt und als methodische Großform verstanden wird (vgl. Häcker 2006, S. 118). Ein Methodencurriculum kann den Einsatz in den verschiedenen Klassen- oder Schulstufen koordinieren und die strukturelle Verwendung auf unterschiedlichen Ebenen verankern. Eine Sonderform stellt das Portfolio als Schulentwicklungsinstrument dar.

Bei geringerer Reichweite bleibt das Portfolio auf eine definierte Zielgruppe und einen geringeren zeitlichen Umfang begrenzt. Es kommt dann häufig unter dem Aspekt des Sammelns, Dokumentierens und Reflektierens als eine Unterrichtsmethode zeitlich eng umrissen zum Einsatz.

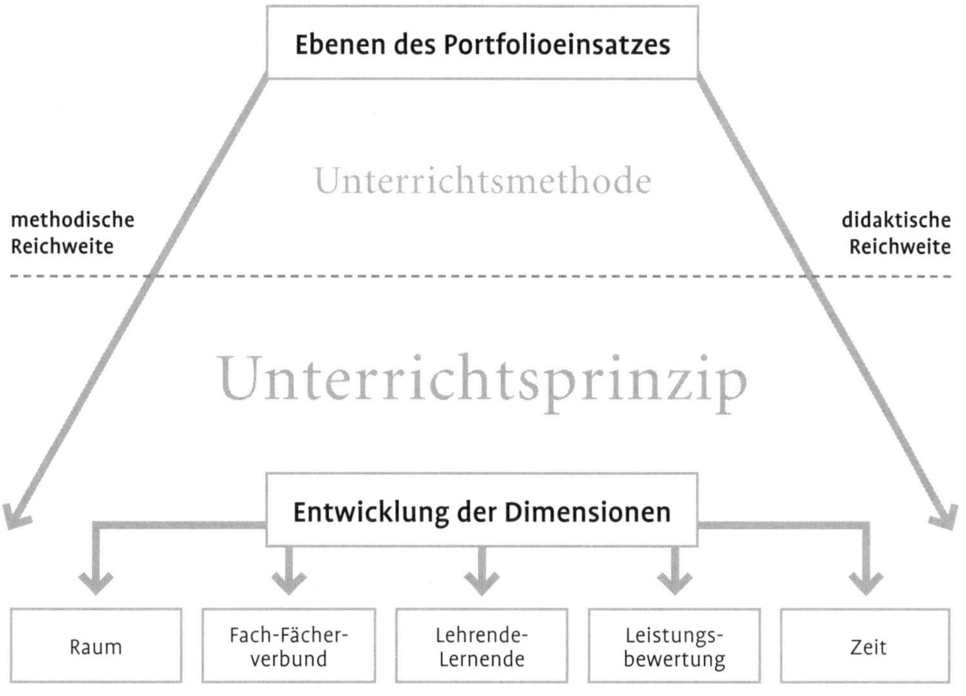

Im Mittelpunkt der Portfolioidee steht darüber hinaus eine den Lehr- und Lernprozess beratende und begleitende Unterrichtspraxis, mit der Zielsetzung, die selbstbestimmten Arbeitsprozesse individuell effektiver zu gestalten. Der Schüler soll mithilfe des Lehrenden und weiteren Lernbegleitern vom fremdgesteuerten, Inhalte „konsumierenden“, reproduzierenden Objekt zum selbst gestaltenden, eigenverantwortlich und kreativ arbeitenden Subjekt werden. Im Verlauf eines portfoliogestützten Unterrichts müssen Entscheidungsfindungsprozesse so angelegt sein, dass die Zielsetzung und daraus abgeleitete Themen und Kriterien für eine abschließende Leistungsbewertung den Ausgangspunkt der Planung bilden. Letztlich gilt es, Schülerinnen und Schüler in all jene Bereiche einzubinden, die direkte Auswirkungen auf ihr eigenes Handeln haben. Nur so lässt sich eine neue Form der Partizipation als System demokratischer Entscheidungsfindungsprozesse im Unterricht verankern. Längerfristig ist nur so eine Modifikation der Lehrer-Schüler-Interaktion möglich. Die verschiedenen Dimensionen partizipativer Beteiligung von Schülerinnen und Schülern liegen in fünf Bereichen:

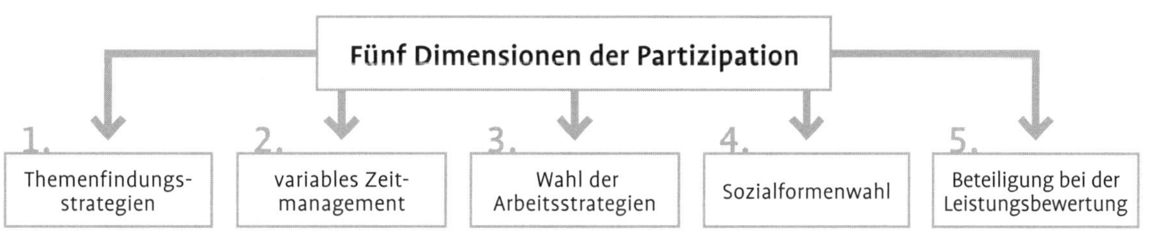

Dem Lehrenden wird ein Entwicklungsinstrument an die Hand gegeben, mit dem er seine eigene Unterrichtspraxis punktuell oder auch längerfristig verändern kann. Eine Erweiterung des Methodenkanons erfährt das Kerncurriculum durch die Verankerung von portfoliogestützten Einheiten als Wiederholungs-, Vertiefungs-, Nacharbeits- oder Einführungsvarianten mit vielfältigen inhaltlichen Zugangsmöglichkeiten. Vorüberlegungen trifft die Lehrerin oder der Lehrer auf der Ebene der inhaltlichen Ausrichtung, der Ziel- und Kompetenzauswahl, hinsichtlich des Leistungsniveaus der Lerngruppe und des Methodenkontexts.

Bei konventionell verlaufenden Unterrichtseinheiten ist die zentrale Figur der Lehrende, der das Thema auswählt, didaktisiert, portioniert, darbietet und überprüft. Diese Ausrichtung bringt eine erhebliche Verantwortung und Arbeitsbelastung, die während der gesamten Unterrichtseinheit kontinuierlich anhält.

Das Portfoliokonzept wendet diesen Status quo in folgendesVerhältnis:

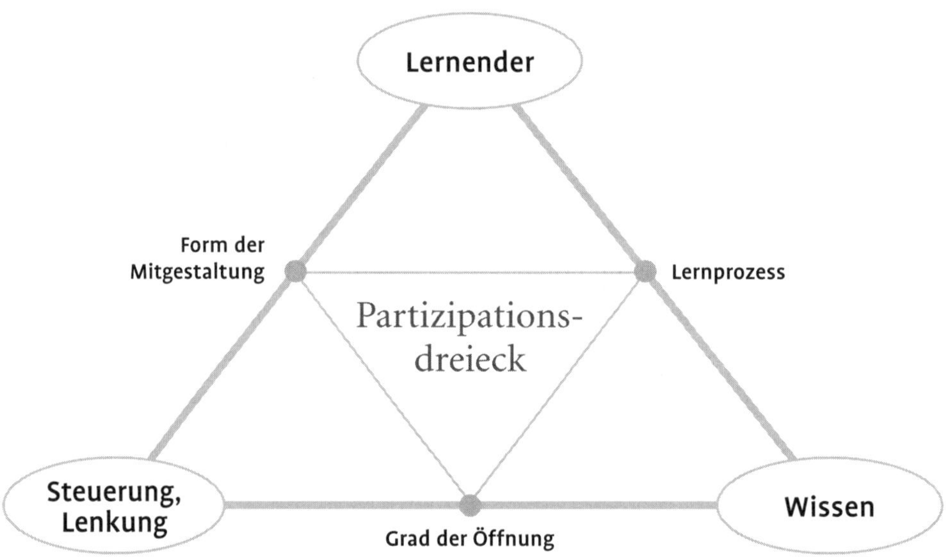

(vgl. M. Foucault 1994)

Dass der Einzelne an den Entscheidungsprozessen partizipiert, ist ein wichtiges, aber auch qualitätskritisches Element der Portfolioarbeit. Ein Anhaltspunkt für Qualitätsmaßstäbe in diesem Prozess der Modifikation von Unterricht liefert die empirische Unterrichtsforschung. Thorsten Bohl (nach Häcker 2006, S. 45f., Bohl 2004, S. 34) etwa hat mit seiner Forschung auf neun Qualitätsindikatoren für offene Unterrichtsformen verwiesen, die im Folgenden auf die Portfolioarbeit übertragen werden.

Ein zentrales Merkmal für erfolgreiche Portfolioarbeit ist die **Strukturiertheit** sowohl **in offenen als auch geschlossenen Phasen**. Die Unterstützung reicht von der Mindmap zur Verankerung des Vorwissens bis hin zum Organisationsplan und zur Ablaufplanung während des Lernprozesses. Einen positiven Einfluss auf den Lernerfolg hat auch die **aktive, aufgabenbezogene Nutzung der Unterrichtszeit**. Nach der Themenfindungsphase ist es deshalb für die Lernenden wichtig, eine individuelle, kontextbezogene Aufgabenstellung zu erhalten, die dem eigenen Lernniveau entspricht. Während der Portfolioarbeit ist es nützlich, die Ausstiegsanlässe und -phasen der Schülerinnen und Schüler zu beobachten, zu analysieren und von Beraterseite zurückzumelden. Diese reichen in der Praxis von der immer wiederkehrenden Phase der Unkonzentriertheit bis hin zu in Problemsituationen auftretenden Arbeitsvermeidungsstrategien (Bohl 2004, S. 34).

Die Verknüpfung von **Strukturierhilfen und Lehrer/innen-Diagnose-Kompetenz** spielt eine wichtige Rolle bei der Begleitung des Portfolioverlaufs. Die Qualität des gut strukturierten Lernprozesses ist abhängig von der Diagnosefähigkeit des Lehrers/der Lehrerin. Die Kontinuität des Lernprozesses lässt sich neben dem Portfolio über Beobachtungsbögen, vorbereitete Befragungen oder Beratungsgespräche ermitteln und gezielt unterstützen.

Es sind vor allem **leistungs-, konzentrationsschwächere oder ungewissheitsorientierte Schülerinnen und Schüler**, die es in portfoliogestützten Unterrichtsphasen stärker zu **unterstützen** gilt, da sie ihre Lernphasen nicht so intensiv nutzen können. Deshalb ist eine zentrale Aufgabe des Lehrers, sein Augenmerk in den Arbeitsphasen auf diese Schülergruppe zu richten und ganz gezielt Unterstützungssysteme einzurichten, auf die Lernende im Bedarfsfall zurückgreifen können. Durch punktuelle, angeregte Selbsteinschätzungen und gezielte Niveauberatungen zu einzelnen Produkten können diese Kinder und Jugendlichen eine Einschätzung darüber erhalten, auf welchem individuellen Leistungsstand sie gerade arbeiten (Häcker 2006, S. 45). Die in der Hinführungsphase vereinbarten Kriterien können dafür ein Anhaltspunkt sein. Längerfristig muss es eine angebotsorientierte Unterstützung im Sinne von Strukturierungshilfen geben.

Von Schülerseite ist die **Vorbereitung** auf die jeweilige **Lernsituation** ein bedeutender Gesichtspunkt, der an die Basiskompetenzen bei der Selbststeuerung im Rahmen der Portfolioarbeit geknüpft ist (Bohl 2004, S. 34). Diese kann dann als selbst gesteuert bezeichnet werden, wenn die Lernenden selbst bestimmen,

- welche inhaltliche Vertiefung und Schwerpunktsetzung sie vornehmen,
- wann sie welche Arbeitsfolgen erledigen,
- in welchen Arbeitsschritten und in welcher Geschwindigkeit sie lernen: kürzer oder länger angelegte Einheiten, Art und Anzahl der Wiederholungen,
- welche Lernstrategien und -wege sie einschlagen,
- auf welche Hilfesysteme oder Lernmedien sie zurückgreifen (vgl. B. u. R. Geldermann 2006, S. 16).

In offenen Unterrichtssituationen müssen sich die Schülerinnen und Schüler deshalb fortwährend neu auf die selbst initiierte Lernsituation einstellen. Dies stellt für den Lernenden eine deutlich größere Herausforderung dar, als dies im lehrerzentrierten Unterricht der Fall ist.

Eine strukturelle Hilfe kann in diesem Zusammenhang die Vernetzung und Kumulation von Lernprozessen bieten, die sich zum einen von Lehrerseite durch eine konzeptionell fundierte Lernverlaufsplanung organisieren lassen und zum anderen durch gezielte Teamarbeitsphasen. Ein gelungener Lernverlauf ist gekennzeichnet durch optimales **Oszillieren zwischen Anforderung und Voraussetzungen** auf Schülerseite. Eine Schnittstelle ist der Lern-, Entwicklungs- und Bedürfnisstand sowie die Zielsetzung der einzelnen Schülerinnen und Schüler in der Einführungsphase. Findet die Portfolioarbeit in einem anregenden und bestimmt freundlichen Lernklima statt, hat dies eine positive Auswirkung auf den Lernzuwachs. Hinzu kommt die optimale Führung der Lerngruppe (Häcker 2006, S. 45).

vgl. Häcker 2006, S. 45–46

Der Begriff der Beratung wird sehr häufig im populären Sprachgebrauch verwendet und hat nichts mit der Beratung in gezielt initiierten und didaktisierten Lernsituationen gemein. Lernberatung zielt auf die Optimierung dieser Prozesse im Sinne eines Abbaus von Barrieren. Unter Lernberatung für die Begleitung von Portfolioarbeit wird

- ein auf Kommunikation basierter Prozess verstanden, der auf Empfehlungen abzielt, also mehrere Optionen und Wege offen lässt,
- eine zielgerichtete, mit einer Förderabsicht verbundene Maßnahme verstanden,
- eine Steigerung der Kompetenz der zu Beratenden angestrebt, sodass sie zukünftig ähnliche Situationen besser bewältigen und nicht dauerhaft vom Berater abhängig sind (B. u. R. Geldermann 2006, S. 11; nach Pätzold).

Für das selbst gesteuerte Lernen in der Portfolioarbeit ist die Beratung von besonderer Bedeutung, da die Lernenden häufig nicht über die nötigen Lernstrategien verfügen. In Beratungssituationen haben Lernende meist fachliche Fragestellungen und erwarten Aufschluss über Zusammenhänge, die sie sich selbst nicht erschließen können. Um den Lernprozess dauerhaft zu unterstützen, ist es wichtig, einen systematischen Austausch über den Verlauf der Portfolioarbeit vorzunehmen.

Die Lernberatung kann nach folgenden Schritten durchgeführt werden:

1. Der thematischen Ausrichtung folgend, wird die Zielsetzung der Beratung vorgenommen und deren organisatorischer Verlauf besprochen.
2. Darauf folgend wird der Ablauf der Portfolioarbeit geklärt und werden die entsprechenden Schnittstellen zum Beratungsmodus aufgezeigt.
3. Während der Arbeitsphase haben die Lernenden immer wieder die Möglichkeit, Beratungssituationen einzufordern. Dabei können diese unter dem Blickwinkel fachlicher, struktureller oder lernstrategischer Fragestellungen geführt werden.
4. Die Ergebnisse der Arbeitsphase werden vom Lernenden reflektiert und von Externen beraten. Danach kann sich eine Überarbeitung anschließen oder der Arbeitsprozess fortgesetzt werden (nach D. Harke 2003).

Die verschiedenen Richtungen der individuellen Lernentwicklung für die Portfolioarbeit haben verschiedene Ebenen, die vom einzelnen Schüler bis zu den Vorgaben der Kultusministerkonferenz (KMK) reichen. Sie sollen helfen, den Lernstand des Lernenden zu diagnostizieren, ihn gezielt zu fördern und vergleichbare Leistungen einzufordern, die auf verschiedenen Ebenen eingefordert werden:

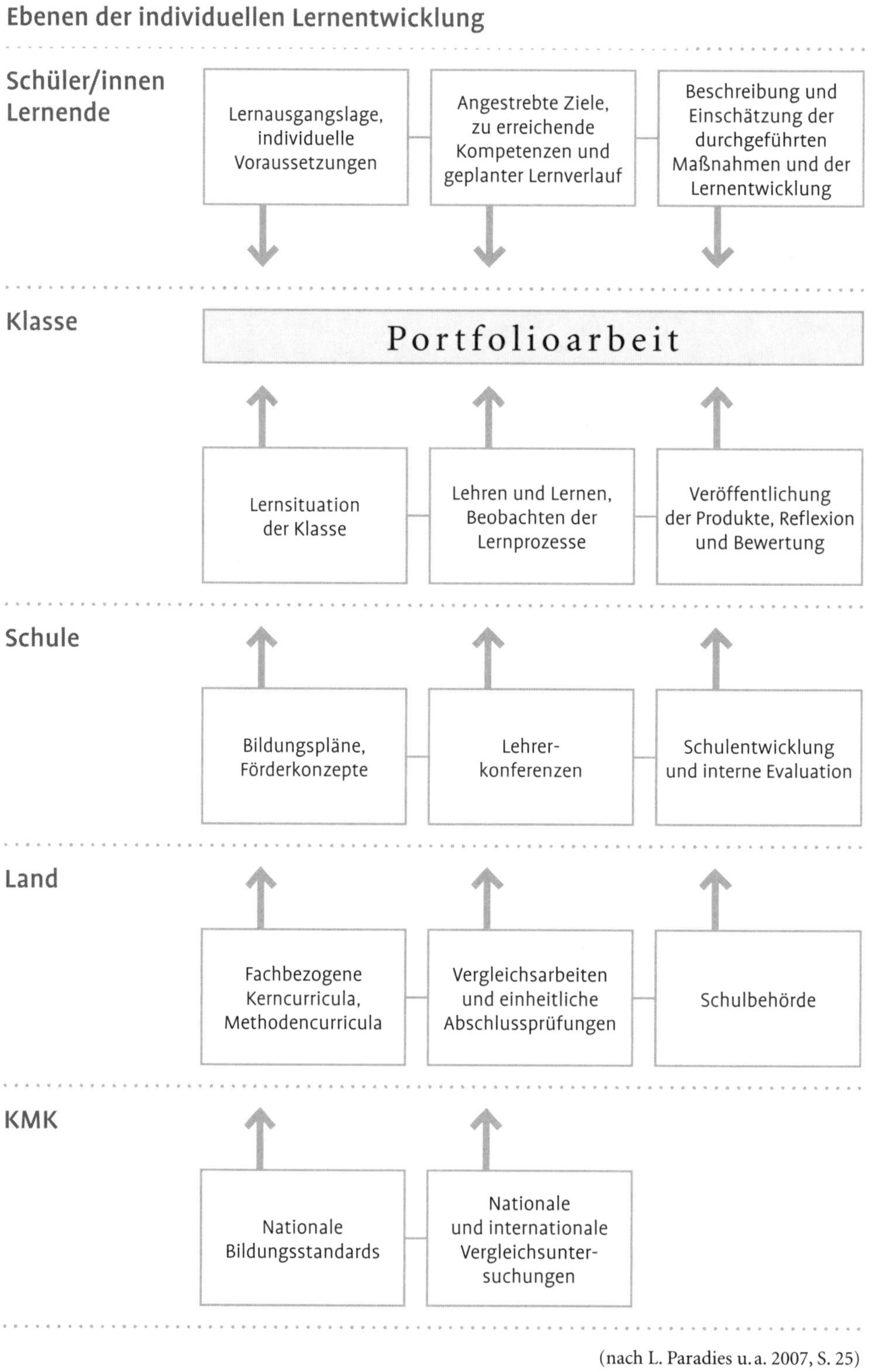

(nach L. Paradies u.a. 2007, S. 25)

Der Lernprozess in der Portfolioarbeit sollte systematisch begleitet und beraten werden. Aus den Erfahrungswerten der Portfoliopraxis erscheint es zweckmäßig, eine Mindestanzahl an Beratungen zu vereinbaren und fest in die Planung miteinzubeziehen. Während der Lehrende zunächst im Zentrum der Beratungsanfragen steht, sind es vor allem Mitschüler oder Peers, die den Lernenden auf gleicher Augenhöhe begleiten und beraten können. Darüber hinaus sind Beratungsformen mit Eltern und außerschulischen Fachleuten denkbar, auch wenn sich diese im normalen Unterrichtsgeschehen schwieriger organisieren lassen. Im Verlauf der Portfolioeinheit lassen sich vier verschiedene Formen der Beratung einsetzen, die nach den beteiligten Personen benannt sind.

Beratung Lernende-Lernende (Schüler-Schüler)

Lernende sind in der Lage, eine dezidierte Bestandsaufnahme einzelner Produkte eines Portfolios vorzunehmen. Es ist sehr hilfreich, wenn sie Zeit haben, diese in Ruhe zu lesen und zu analysieren. In den Beratungsgesprächen können die Beobachtungen und Auffälligkeiten beziehungsweise Eindrücke und Einschätzungen ausgetauscht werden. Die Beratung Lernende-Lernende kann in zwei verschiedenen Dimensionen erfolgen:

- Der Portfolioautor wird von einem Lernenden beraten.
- Eine Gruppe von Lernenden berät den Portfolioautor.

Lernende-Lernende
Lernende-Beratungsgruppe (mehrere Lernende)

Beratung Eltern/Experten-Lernende (Experten-Schüler)

Sind außerschulische Experten in den Portfolioverlauf eingebunden, so kann der Lernende auch von diesen beraten werden. Es geht in diesen Beratungssituationen vor allem um eine richtungsweisende Rückmeldung auf fachlicher Ebene.

Beratung Lehrende-Lernende (Lehrer-Schüler)

Der Portfolioautor wird vom Lehrenden unter verschiedenen Gesichtspunkten und entsprechend dem Stand seiner Portfolioarbeit beraten. Die einzelnen Beratungsgespräche sollten systematisch aufeinander aufbauen und mittels Gesprächsprotokollen dokumentiert werden. Eine Beratung kann in fachlicher, lernstrategischer oder konzeptionell-struktureller Richtung vorgenommen werden. Hat der Lehrende wenig Erfahrung mit Lernberatungssituationen, ist es sinnvoll, nur jeweils einen Lernenden zeitgleich zu beraten.

Plenumsberatungen (Klasse-Lehrer)

Zu Beginn der Portfolioarbeit stellen einzelne Schüler oder Gruppen ihre Fragestellung und den geplanten Arbeitsverlauf dem Plenum vor. An Stellen, an denen bestimmte Teilbereiche des Portfolios der gesamten Lerngruppe vorgestellt werden, besteht die Möglichkeit, von der Gesamtheit oder von Einzelnen eine konstruktive Rückmeldung zu erhalten. Diese grundlegenden Gedanken und Reflexionen können als eine abgeschwächte Form der Beratung angesehen werden. Ist das Plenum am Schluss bei der Veröffentlichung beteiligt und kann ein Statement oder eine differenzierte Rückmeldung abgeben und gegebenenfalls mit beurteilen, dann schließt sich der Kreis der Beratung und Rückmeldung.

Alle vier Formen der Beratung können zu unterschiedlichen Zeitpunkten der Portfolioarbeit eingesetzt werden. Aufseiten des Beraters ist eine gewisse kommunikative Kompetenz und Realisierung der persönlichen Reichweite vonnöten. „Die Verinnerlichung einer nur indirekten Einflussmöglichkeit, das Akzeptieren auch von Wegen, die man persönlich für falsch hält, kurz die ‚reflexive Selbstbegrenzung' ist schließlich eine wichtige Facette der Beratungskompetenz" (B. u. R. Geldermann 2006, S. 45).

2.11 Die Realisierung von Beratungssituationen

Für den Einstieg in die Beratungssituation ist es wichtig, dem Lernenden ein Gefühl der Wertschätzung entgegenzubringen. Es sind kleine Aufmerksamkeiten wie ein freundlicher Blick, aufmunternde Worte oder etwa die Bereitstellung eines Getränks oder Gebäcks, die für eine angenehme Atmosphäre sorgen.

Im Verlauf der Portfolioarbeit sollte dem Lernenden klar werden, dass der Lehrende einen Teil seiner Autorität an den Lernenden abgibt, und dieser dafür eine Reihe von Freiheiten, aber auch Verantwortung für seinen eigenen Lernprozess erhält. Ist eine gewisse Uneitelkeit vorhanden und hat der Lernende den Eindruck, dass er selbst mit seinem Anliegen im Mittelpunkt steht und es um eine inhaltsgebundene Unterstützung und nicht Bewertung geht, lässt sich eine neue

Form der Gesprächskultur anbahnen. Letztlich sollte sich der Beratende in den Dienst des Beratenen und seines Portfoliovorhabens stellen (B. u. R. Geldermann 2006, S. 45).

Sind zu Beginn der Arbeiten die fachlichen Fragestellungen geklärt, treten nachfolgend vor allem strukturelle Fragen auf, die sich auf die Gliederung des Portfolios beziehen. Kontinuierliche Unterstützung benötigen die Lernenden meist bei der Wahl bestimmter Arbeitstechniken oder Lernstrategien, die ihre Arbeitsökonomie erhöhen können. Neigt sich die Portfolioarbeit ihrem Ende zu, haben Schülerinnen und Schüler zunehmend Probleme mit dem Zeitmanagement. Oft gelingt es ihnen nur schwer oder gar nicht, einen Schwerpunkt für die verbleibende Zeit festzulegen, da sich nicht der gesamte Umfang ihrer Arbeit realisieren lässt.

Für das einführende Beratungsgespräch sollte sich der Beratende mit folgenden Leitfragen vorbereiten, die es im Verlauf des Gesprächs in Erfahrung zu bringen gilt:

- Kenne ich die thematische Ausrichtung des Portfoliovorhabens?
- Wie lautet die Zielsetzung bzw. welche Kompetenzen sollen erreicht werden?
- Wie gut kenne ich die Lernbedingungen des Einzelnen oder der Gruppe? (Zeitplanung, Lernverlaufsplanung, Ressourcen)?
- Kann der Lernende seinen individuell angestrebten Lernweg umsetzen? Welche Barrieren gibt es?
- Gelingt es mir, den Lernenden bei der Formulierung einer realistischen Zielsetzung und einem angemessenen Zeitmanagement zu unterstützen?
- Biete ich verschiedene Medien oder Lernquellen an oder zeige ich dem Lernenden mögliche Zugänge hierzu auf?
- Ermutige ich die Lernenden, sich bei ähnlichen Themenstellungen auszutauschen? Achte ich auf systematische Beratung?
- Weiß ich, wann ich bzw. der Lernende zusätzlichen Rat bei Experten einholen muss?
- Reflektiere ich mein eigenes Verhalten, wenn Probleme auftauchen? Werden diese thematisiert? Welche Reaktionen gibt es?
- Berate ich mich mit Kollegen oder außerschulischen Beratern?
- Helfe ich den Lernenden bei der Reflexion und Überprüfung des individuellen Lernverlaufs oder der Lernfortschritte?
- Weiß ich, was den Lernenden bei seiner Arbeit motiviert oder demotiviert?

(vgl. B. u. R. Geldermann 2006, S. 46)

Auf diesen Leitfragen können die weiteren Beratungsgespräche aufbauen und sich fachlich, strukturell, lernstrategisch oder entwicklungsspezifisch ausrichten. Bei der Beratung ist es immer wichtig, zu wissen:

- mit welchem Anliegen kommt der Lernende genau,
- wie ist sein aktueller Leistungsstand,
- wie sieht sein bisheriger Lernerfolg aus,
- wie schätze ich seine Leistungsfähigkeit ein,
- welche Defizite oder Beeinträchtigungen gibt es,
- passen die individuellen Fördermaßnahmen,
- hat sich die Leistungsfähigkeit verändert (vgl. L. Paradies u.a. 2007, S. 89).

Sind mir diese Informationen als Lernberater nicht oder nur in Teilen bekannt, so ist es wichtig, diese von einem Beratungsgespräch zum anderen zu vervollständigen.

Eine Reihe von standardisierten Testverfahren können die unterrichtliche Diagnose und Beratung ergänzen. Einen guten Überblick zu den einzelnen Test- und Beobachtungsverfahren geben L. Paradies, H.J. Linser und J. Greving 2007, S. 84ff. Auf diese können Lehrende zum Teil ohne weitere Qualifizierung zurückgreifen, wenn eine Einschätzung der wirklichen Lernleistungen oder Kompetenzen in der notwendigen Differenzierung nicht möglich oder für ein weiteres diagnostisches Vorgehen erforderlich ist.

Drei Portfolioausrichtungen im schulischen Kontext

3

Die hier dargestellte Dreigliederung der Portfolioarbeit für den Unterricht stellt eine zweckmäßige und unterrichtserprobte Unterteilung dar. Dafür wird bei den drei ausgewählten Portfolios jeweils ein Arbeitsbereich hervorgehoben und sein Stellenwert im schulischen Kontext charakterisiert. Die vorgeschlagenen Arbeitsschritte zeigen Lehrenden und Lernenden einen möglichen Portfolioweg auf. In ihrem Einsatz lassen sich die unterschiedlichen Bausteine oder Schritte kombinieren und so auf die jeweilige Lernsituation vor Ort variabel abstimmen. Zudem können die drei Portfolioausrichtungen – das Veröffentlichungs- oder Präsentationsportfolio (Lissmann 1998), das Lernwegportfolio (T. Häcker 2006) sowie das Talent- oder Bewerbungsportfolio (unter anderem Brunner/Häcker/Winter 2006) – in Teilen kombiniert werden. Anhand des Veröffentlichungs- oder Präsentationsportfolios wird im Praxisteil zunächst exemplarisch in die grundlegende Arbeitsweise eingeführt, die die Basis aller drei Portfolioausrichtungen bildet.

Der überwiegende Teil der zur Erstellung eines Portfolios notwendigen Arbeiten sollte aus Gründen der Chancengleichheit im unterrichtlichen beziehungsweise schulischen Kontext verankert sein. Diese Form des Lehrens und Lernens ist eine alternative und offenere Unterrichtsform, die viele bekannte und praktizierte Unterrichtselemente neu zusammenstellt und eine große Bandbreite an Sozial- und Arbeitsformen ermöglicht.

Das Veröffentlichungs- oder Präsentationsportfolio 3.1

Der Schwerpunkt des **Veröffentlichungs- oder Präsentationsportfolios** liegt auf der eigenständigen Erarbeitung eines selbst gewählten Themengebiets oder dessen Teilaspekts unter stetiger Reflexion der eigenen Arbeitsweise sowie der erarbeiteten Produkte, so dass letztlich die entstandenen inhaltlichen Ergebnisse oder der Erarbeitungsprozess veröffentlicht, sprich ausgestellt oder präsentiert werden können. Als Konsequenz daraus kann das angelegte Portfolio einerseits selbst Gegenstand einer wie auch immer gearteten Ausstellung/Veröffentlichung sein oder andererseits eben Grundlage für einen daraus resultierenden Ausstellungs- oder Veröffentlichungsbeitrag. Die Erarbeitung der Präsentation oder Ausstellung ist verpflichtend und von Beginn an durch vereinbarte Kriterien vorgegeben.

Der kleinste als Veröffentlichung oder Ausstellung geltende organisatorische Rahmen ist die Betrachtung des Portfolios durch eine weitere Person oder Personengruppe. Je nach vorher festgelegtem Adressaten oder zeitlichem Rahmen können dies zum Beispiel einzelne Mitschüler, der bewertende Lehrer, der Klassen- oder Elternverband, eine Prüfungskommission oder eine erweiterte Öffentlichkeit wie Besucher eines Schulfestes oder einer thematischen Ausstellung sein.

Adressatendimensionen des Portfolios
mögliche Leser und Präsentationszuhörer

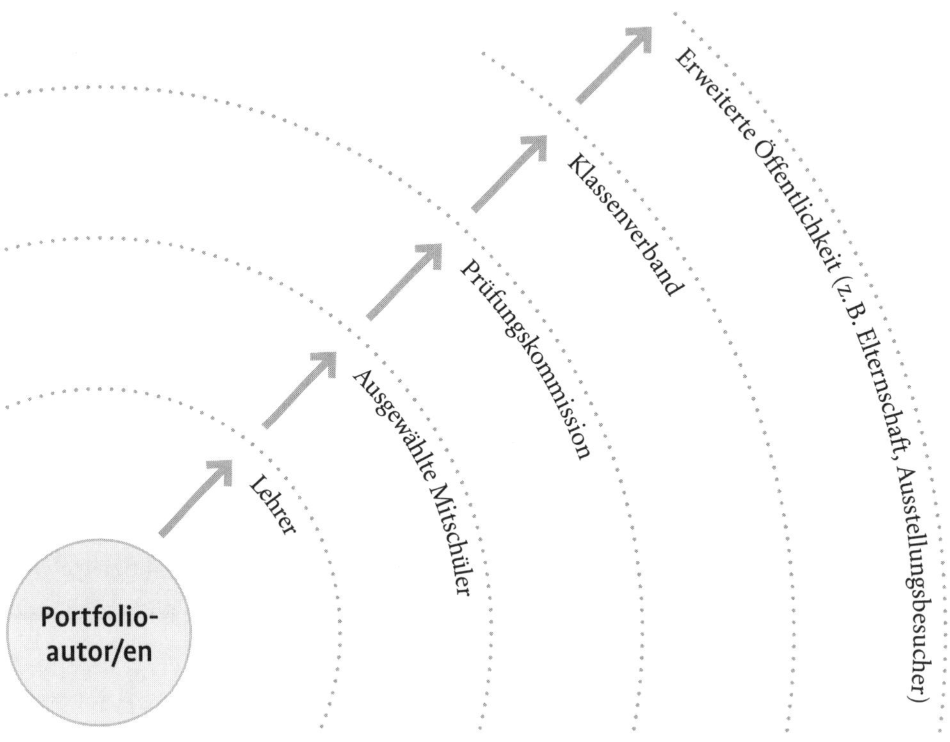

Dabei sind Mischformen erwünscht und ergeben sich aus den Schnittmengen der Adressatenkreise und dem Veröffentlichungsrahmen. Erfahrungsgemäß bietet der unterrichtliche Rahmen nicht immer die Möglichkeit, alle Schüler oder Schülergruppen einzeln ihre Portfolios oder thematischen Ergebnisse präsentieren zu lassen. Diese Vorgehensweise ist denkbar, strapaziert aber den zeitlichen Rahmen und führt auf Dauer bei den Mitschülern zu Langeweile, zumal Phasen, in denen Arbeitsergebnisse präsentiert werden, von Mitschülern teilweise unterbewertet werden. Die Möglichkeiten der Veröffentlichung beschränken sich hier nicht nur auf Präsentationen im herkömmlichen Sinne. Alternative Veröffentlichungsmöglichkeiten schaffen Abhilfe: Plakatausstellungen, Ausstellungen mit oder ohne geführte Rundgänge, Stafettenpräsentationen, computergestützte Fachvorträge sind denkbar.

Die Varianten, die sich entsprechend dem gewählten Adressaten in der Festlegung der Veröffentlichungs- oder Präsentationsform bieten, stellen weitere Möglichkeiten der Differenzierung dar.

Präsentationsdimensionen des Portfolios

Produkt
(erstellen und zeigen)

Produkt + Erläuterung
(erstellen, zeigen, erklären)

Produkt + Erläuterung + Bezüge zum Entstehungsprozess

Darstellung des erarbeiteten Inhalts
(Portfolio als Erarbeitungsinstrument)

Darstellung des erarbeiteten Inhalts + Bezüge zum Entstehungsprozess
(Portfolio als Erarbeitungs- und Reflexionsinstrument)

Beim Veröffentlichungs- oder Präsentationsportfolio kann von einem Autor bis zu einem Autorenteam von höchstens fünf Autoren ausgegangen werden. Es bildet unter Umständen die Grundlage für eine schulische Leistungsmessung, muss aber nicht. Denkbar ist auch, die sich anschließende Präsentation oder Veröffentlichung zu bewerten. Eine weitere Möglichkeit zur Leistungsmessung bietet eine sich der Portfolioarbeit anschließende Klassenarbeit, welche die erarbeiteten Inhalte und/oder Kompetenzen abprüft.

Das Lernwegportfolio 3.2

Das Lernwegportfolio bietet die Möglichkeit, einen Themenbereich zu vertiefen und ein Lernfeld individuell-interessenorientiert zu erarbeiten, die der Lernende vervollständigen, nach- oder erarbeiten möchte. Diese Möglichkeit bietet sich im Bereich des schulischen Lernens nicht allzu häufig beziehungsweise spielt oft eine untergeordnete Rolle. Die Bedarfs- oder Interessensbereiche der Lernenden treten durch die regelmäßigen Formen der Leistungsmessung wie Tests oder Klausuren in den Hintergrund. Weil die Leistungsmessungen oft am Ende einer Unterrichtseinheit liegen, besteht nur selten die Möglichkeit, individuelle Lernfelder zu bearbeiten oder nachzuarbeiten, zumal sich an die Überprüfungen in der Regel direkt eine neue Unterrichtseinheit anschließt. Den Schülern (und Eltern) werden damit zwar kontinuierlich die Lernmängel und -defizite verdeutlicht, es bieten sich aber kaum Möglichkeiten, das Können der Schüler aufzuzeigen oder sich nochmals einem Themenfeld zuzuwenden, während dessen Bearbeitung noch Fragen offen oder unklar geblieben sind. Hier liegen die Chancen des Lernwegportfolios, mit dem der Lernende nochmals die Möglichkeit erhält, selbstbestimmt an ein frei gewähltes Themengebiet heranzugehen.

Das **Lernwegportfolio** ermöglicht es einem Schüler oder einer Schülerin, den Erwerb einer ganz bestimmten Fähigkeit und Fertigkeit aufzuzeigen und im Portfolio abzubilden. Es handelt sich hierbei um Kompetenzen, die der einzelne Schüler noch nicht oder nur teilweise im Regelunterricht erwerben konnte. Nicht der Neuerwerb, sondern das Vertiefen einer bereits angestrebten Kompetenz und das Wissen über eigenes Lernverhalten und Lernstrategien rücken in den Mittelpunkt. Die Verantwortung für das eigene Lernen wird hierbei noch mehr in die Hand des Schülers gelegt, wobei der Lehrer als Lernstandsberater sowie Unterstützer zu verstehen ist. Bei der Erarbeitung eines selbst gewählten, fach- und interessengebundenen Themas wird der Schüler auch auf Aspekte stoßen, die er damit nochmals wiederholt oder nacharbeiten kann. Der reflektierte Umgang mit den eigenen Schwächen ist hier Ausgangspunkt für eine motivierende Vorgehensweise und nachhaltiges, konsequenzorientiertes Lernverhalten.

Die thematische Ausrichtung, die Lernmittel und Übungen werden vom Schüler selbst ausgewählt und auf seine eigenen Bedürfnisse abgestimmt. Zudem erhält er Zeit, neben dem Lehrer auf verschiedene Experten aus seiner Klasse und dem Umfeld zurückzugreifen. Mithilfe gezielter Portfolioeinlagen werden die Erarbeitung und das Erreichen der Lernkompetenz dokumentiert, zum Beispiel der Umgang mit Sachtexten oder das Lösen von Bruchgleichungen. Der Arbeitsaufwand zu Beginn ist für den Lehrer insofern überschaubar, als dass der Ausgangspunkt für die Portfolioarbeit die bereits im jeweiligen Fachunterricht zur Verfügung gestellten oder erarbeiteten Materialien sein können. Um die gewünschte Effektivität zu erzielen, sollte hier nicht über die Arbeitsform des Tandems hinausgegangen werden.

Natürlich lassen sich nicht alle Lernfelder auf diesem Weg bearbeiten, es sollten entscheidende Schwerpunkte und Interessen behandelt werden. Da diese bei jedem Schüler unterschiedlich gelagert sind und meist erst am Ende des Schuljahres für alle erkennbar werden, bietet es sich an, diese Form der Portfolioarbeit auf das Ende eines Schuljahres zu legen.

Das Lernwegportfolio richtet sich nicht an ein breites Publikum, sollte aber, um die Bemühungen des Schülers zu würdigen, dennoch zumindest einem weiteren Leser oder Leserkreis zugänglich gemacht werden. Hier können wie beim Veröffentlichungs- oder Präsentationsportfolio verschiedene Adressaten- und Präsentationsdimensionen ausgewählt werden.

Dem **Talent- oder Bewerbungsportfolio** ist zu eigen, dass sich Lernprozesse und besondere Fähigkeiten anhand verschiedener Produkte und Arbeiten über einen definierten Zeitraum hinweg darstellen lassen, um so den persönlichen Entwicklungsgang in einem oder mehreren Gebieten besonders herauszustellen. So kann ein Talentportfolio Grundlage für eigene Überlegungen zur Berufswahl beziehungsweise Berufseignung sein und sowohl als Fundus als auch als Instrument für das dann bereits zielgerichtete Bewerbungsportfolio dienen. Beim Talent- oder Bewerbungsportfolio geht es nicht nur um das Sammeln von schulischen und außerschulischen Leistungsnachweisen, sondern um das Reflektieren des eigenen Handelns und Könnens, also die mehrdimensionale Abbildung der Schülertalente. Im Gegensatz zu einer normierten Bewerbungsmappe bietet das Bewerbungsportfolio dem Schüler/Bewerber die Möglichkeit, sich durch Ausnutzen der gestalterischen Freiheiten und durch das Hervorheben individueller Fähigkeiten vom Rest der Bewerber abzuheben.

In Kürze kann sich der Leser oder auch potenzielle Arbeitgeber bei der Durchsicht einen mehrdimensionalen Eindruck vom Bewerber machen, der weit über das schulische Leistungsvermögen in Form des reinen Notenbildes hinausgeht. Das Bewerbungsportfolio kann als Einlage beispielsweise eine Dokumentation von Zusatzkursen (VHS, etc.) enthalten, die zeigt, dass die Bewerberin oder der Bewerber bereit war, selbstständig ihre oder seine Fähigkeiten zu erweitern und dafür persönliche Zeit und Kraft investiert hat. Ebenso können, wenn es die persönlichen Umstände und die Stellenbeschreibung erfordern, ein Scheitern erklärt oder eine Neuorientierung in einem anderen Berufsfeld dokumentiert werden.

Eine ganzheitliche Abbildung der Person ist hier möglich. Das Bewerbungsportfolio bietet in dieser Form außerdem viele Anknüpfungspunkte für ein mögliches Bewerbungsgespräch.

Das Augenmerk liegt im weiteren Verlauf auf dem Bewerbungsportfolio, da es in einem definierbaren Zeitraum pragmatisch und zielgerichtet zur Chancenerweiterung der Schüler bei Bewerbungsverfahren um Praktikumsplätze, Lehrstellen, Plätze an Fachhochschulen oder Universitäten oder bei Ausstellungen in einer Jobbörse beiträgt.

Über die gezielte Auswahl der Produkte lassen sich die Lernentwicklungen der Schülerin oder des Schülers abbilden. Ein Bewerbungs- oder Talentportfolio enthält Lernprodukte eines gesamten Bildungsverlaufs mit dem Ziel, einem Außenstehenden die eigenen Talente darzulegen und ihn mithilfe der Einlagen von den eigenen Fähigkeiten zu überzeugen. Dabei bleibt die Auswahl nicht auf ein bestimmtes Fach- oder Themengebiet begrenzt, sondern kann den ganzen Fächerkanon abdecken. Es erscheint sinnvoll, beim Sammeln einen gewissen Wert auf Repräsentativität zu legen, um die Bandbreite der persönlichen Lernentwicklung aufzuzeigen. Greift man auf Inhalte zurück, die nach eigener Einschätzung nicht nur besonders herausragend sind, sondern Defizite und Schwächen haben, so erhöht man die Glaubwürdigkeit des Portfolios. Die Bedeutsamkeit des Talent- oder Bewerbungsportfolios liegt in der Darstellung von Lernentwicklungen sowie von individuellen Fähigkeiten zumeist in schulischen, aber auch in außerschulischen Kompetenzbereichen. Legt ein Schüler frühzeitig eine Sammlung in der Weise an, kann diese Form des Talentportfolios durch Dokumentation gelungener Arbeiten eine lang anhaltende Motivationshilfe im Schulalltag werden, da stets eine positive Rückschau durch das stärkende Herausheben der Fähigkeiten und Fertigkeiten der Schüler möglich ist.

Blickt ein Schüler, wenn es an das Thema Berufswahl geht, dann auf seinen bisherigen Werdegang in Gestalt seines Talentportfolios zurück, gelingt oft ein besserer, realistischerer Abgleich der tatsächlich vorhandenen Fähigkeiten zum Erwartungshorizont beziehungsweise den Anforderungen des angestrebten Berufs. Es kann ganz pragmatisch verglichen werden, welches Anforderungsprofil der Beruf hat und welche Fähigkeiten der Schüler mitbringt. Damit ist ein Abgleich zwischen Wunsch und Wirklichkeit möglich.

Entsteht aus dem angelegten Talentportfolio nun ein Bewerbungsportfolio, das sich an einen gewünschten Arbeitgeber richtet, gilt es nicht nur, die eigene Persönlichkeit darzustellen, sondern einen Bezug der eigenen Person zu dem Beruf oder Berufsbild aufzuzeigen. Dies erfordert eine zielgerichtete Auswahl der Portfolioeinlagen, die stets die Anforderungen des jeweiligen Berufs im Blick hat. So wird ein Schüler, der sich auf eine handwerkliche Ausbildungsstelle bewirbt, seine Portfolioeinlagen mit dieser Zielrichtung auf den Nachweis seines handwerklichen Geschicks aussuchen. Im Vorwort seines Talentportfolios wird er dann die Aufmerksamkeit des potenziellen Lesers auf seine selbst gefertigten Holzwerkstücke lenken.

Das Bewerbungs- oder Talentportfolio kommt in der Schule noch selten vor, obwohl es aufgrund seines individuellen Charakters die Chance bietet, das eigene Potenzial in seiner ganzen Bandbreite zu zeigen und damit schwächere Kompetenzbereiche in den Hintergrund treten zu lassen. Ein erstes Einsatzgebiet findet dieser Portfoliotyp bereits in einigen Feldern frühkindlicher Bildung. Sehr einfach lässt sich hier mittels Fotos, Videos und Beobachtungsbögen die Entwicklung des Heranwachsenden dokumentieren. Die Rolle der Lehrerin und des Lehrers wird auch bei dieser Form des Lernens als die eines Begleiters, Beraters und Organisators verstanden. Eine Unterstützung erfahren sollten die Schülerinnen und Schüler beim Sammeln ihrer Arbeiten und deren Archivierung, sodass am

Ende der Schulzeit auf genügend Material zurückgegriffen werden kann. Der sehr zielgerichteten Intention des Talent- oder Bewerbungsportfolios liegt zugrunde, dass es einen subjektiven Charakter hat und aus diesem Grund nicht als Partner- oder Gruppenportfolio erstellt werden kann.

Einige strukturelle, formale und arbeitsstrategische Grundsätze können über die folgenden Arbeitsblätter vorgegeben oder in Teilen gemeinsam vereinbart werden.

Um den Schülern die Vorgehensweise der Portfolioarbeit auch zu visualisieren, könnten die einzelnen, gemeinsam zu absolvierenden Schritte (Arbeitsaufträge oder gemeinsam vereinbarte Kriterien) zum Beispiel an einer Wäscheleine im Klassenzimmer aufgehängt oder an einer Pinnwand befestigt werden. So kann der momentane Arbeitsstand abgelesen und eine Progression veranschaulicht werden.

1 Die Schülergrundausstattung für die Portfolioarbeit

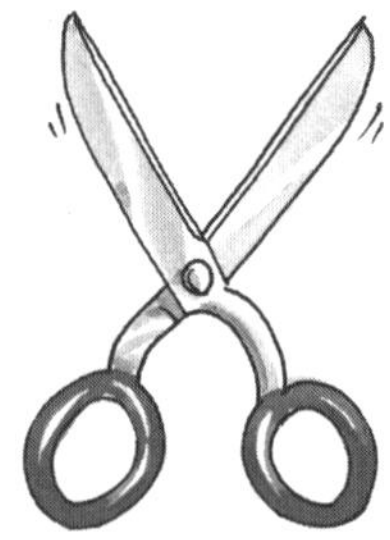

Um ein gutes und kontinuierliches Arbeiten in der Schule zu garantieren, ist es unbedingt notwendig, dass alle Schülerinnen und Schüler die jeweils für die Portfolioarbeit erforderlichen Materialien dabeihaben.

Folgende Dinge gehören zur täglichen Schülergrundausstattung:

- ◯ Füller und passende blaue oder schwarze Patronen
- ◯ gespitzter Bleistift
- ◯ Spitzer
- ◯ Radiergummi
- ◯ verschiedene Buntstifte
- ◯ mehrere Fineliner (mindestens rot, grün, blau, schwarz)
- ◯ feine, wasserlösliche Folienstifte (rot, grün, blau, schwarz)
- ◯ schwarzer Edding 3300
- ◯ Schere
- ◯ Klebestift
- ◯ Lineal oder Geodreieck
- ◯ Block DIN A4, liniert mit Rand, gelocht
- ◯ 5 Klarsichthüllen
- ◯ Hausaufgabenheft mit Kalender
- ◯ Klemmbrett
- ◯ Portfoliomappe
- ◯ alle zur Erarbeitung ausgeteilten Arbeitsblätter (formale Vorgaben, Pflichtaufgaben, sonstige Anweisungen und Materialien)
- ◯ Zeitplan
- ◯ Arbeitsübersichtsplan
- ◯ Texte, Bilder, Fotos, die zur Erarbeitung notwendig sind
- ◯ alle selbst erstellten Texte und Konzeptblätter

2 Der verbindliche Aufbau deines Portfolios

Im Portfolio soll Folgendes enthalten sein:

1. Deckblatt mit

- Name(n), Klasse, Bearbeitungszeitraum
- Nennung der Portfolioart und Art der Veröffentlichung
- Benennung der bearbeiteten, übergeordneten Themenstellung mit selbst gewähltem Schwerpunkt

2. Mitwachsendes Inhaltsverzeichnis

Aufzählung der unterschiedlichen Arbeitsfelder in sinnvoller Reihenfolge, die alle gedachten, verworfenen und endgültigen Arbeitsschritte dokumentiert

3. Alle im Unterricht zur Portfolioarbeit ausgegebenen Materialien

- können am Anfang stehen
- chronologisch ordnen
- thematisch ordnen
- ordentlich abheften
- mit Seitenzahlen versehen

4. Ergebnisse aller gestellten Pflichtaufgaben

- zum Beispiel in Form von Texten, Bildern, Fotodokumentationen, Collagen, Dateien, Hypertexten, Verweisen auf nicht textuelle Werkstücke/Materialien
- mit fortlaufender Seitenzahl versehen
- unter Einhaltung eines einheitlichen Rands
- thematisch ordnen

5. Bearbeitung des freien Teils beziehungsweise ergänzender Aufgabenstellungen

- kann im Anschluss an die Pflichtaufgaben als eigenständiges Kapitel eingeheftet werden
- kann aber auch im Anschluss an den jeweils passenden Aufgabenbereich eingeheftet werden oder
- umfasst das ganze Portfolio und wird durch Vor- und Nachwort eingerahmt

3 Formale Vorgaben zur Erarbeitung und zum Anlegen von Portfolios

1. Es ist wichtig, sich an die im Unterricht erarbeiteten Kriterien für unser Portfolio zu halten.
2. Wir geben uns Mühe, alle Portfolioeinlagen sauber und ordentlich zu gestalten. Unsere Texte erstellen wir sauber und leserlich, zum Beispiel mit Füller und blauer oder schwarzer Tinte oder auf dem Computer.
3. Zwischen den beschriebenen Zeilen (nur bei Verwendung karierter Blätter) lassen wir aus Gründen der Übersichtlichkeit eine Zeile Abstand.
4. Überschriften heben wir hervor, indem wir sie
   - größer und/oder farbig schreiben und
   - unterstreichen oder einrahmen.
5. Bei einem neuen Themengebiet oder einer neuen Aufgabenstellung beginnen wir eine neue Seite.
6. Wir führen ein mitwachsendes Inhaltsverzeichnis, das den Entwicklungsprozess dadurch dokumentiert, dass Veränderungen nicht korrigiert, sondern alle Abwandlungen mit eingetragen werden. Der endgültige Stand des Inhaltsverzeichnisses wird zum Schluss farbig markiert.
7. Nachdem wir ein Blatt beschrieben haben, heften wir es in unserem Portfolio ab. Manchmal ist es sinnvoll, Seitenzahlen anzugeben.
8. Innerhalb einer Portfolioeinheit verwenden wir möglichst dieselbe Papiersorte (weiß oder grau).
9. Arbeitsblätter heften wir nach Gebrauch ein. Was noch bearbeitet wird, bewahren wir in der Folienhülle auf.
10. Wir vermeiden Unsauberkeiten wie Eselsohren, Risse und Flecken.
11. Grundsätzlich können wir unser Portfolio immer mit passenden Einlagen ergänzen, zum Beispiel Fotos, Texten, Zeichnungen.

4 Vier grundlegende Maßstäbe für dein Portfolio

Dein Portfolio ist ...

✓ vollständig

Das heißt alle ausgeteilten Blätter sind eingeheftet, alle Tafelanschriebe und alle Hausarbeiten sind ins Portfolio eingetragen. Wenn du krank bist, besorgst du dir die Aufgaben von einem Mitschüler oder einer Mitschülerin und trägst den versäumten Stoff nach.

✓ übersichtlich

Das heißt z. B. vor und nach der Überschrift ist mindestens eine Zeile frei und das Datum steht am Rand. Neue Überschriften stehen auf der neuen Seite, wenn nur noch zwei oder drei Zeilen frei sind.

✓ zielorientiert

Das heißt, dass die Fragestellung, die du dir für deine Portfolioarbeit ausgesucht hast, auch durch deine Präsentation oder das Portfolio beantwortet wird.

✓ selbstständig erarbeitet

Das heißt, dass die von dir im Portfolio abgelegten Produkte auf deine eigenen Gedanken und Ideen zurückgehen. Du bist der Autor deiner Texte und wirst beim Schreiben von deinen Mitschülern, deinen Eltern oder deinem Lehrer oder deiner Lehrerin beraten.

Das Veröffentlichungs- oder Präsentationsportfolio

Beratung

Beratungsgespräch zur Themenfindung

Beratung Lernende-Lernende und Lehrende-Lernende

Überarbeitung und Beratung

Sichtung und Auswertung des vorhandenen Materials

Selbstständige Arbeitsphase + Beratung

Pflichtaufgaben

Vorstellung und Klärung der Aufgabenstellungen im Abgleich auf die gewählte Veröffentlichungsform

Plenum

Stufe 3

Reflexion des Endprodukts Portfolio

Reflexion der Portfolioprodukte – Reflexion des Arbeitsverlaufs

Selbstständige Arbeitsphase und Beratung

Veröffentlichungs-vorbereitung

Er- und Überarbeitung der gewählten Form der Veröffentlichung

Selbstständige Arbeitsphase

Veröffentlichung

Veröffentlichung entsprechend der Veröffentlichungsart

variabel, je nach Veröffentlichungsdimension

Möglichkeit der Bewertung

Ggf. Durchführung einer Leistungs-bewertung

Selbst- und/oder Fremdbewertung

4 Das Veröffentlichungs- oder Präsentationsportfolio

Die Einzelschritte auf dem Weg zur gelungenen Portfolioarbeit werden auf den folgenden Seiten im Detail vorgestellt und erläutert.

4.1 Strukturieren und organisieren

- **Themenfindung und -klärung mit der Klasse**
- **Festlegung des Präsentationsrahmens und des Adressatenbezugs**
- **Klärung ob Einzel-, Tandem- oder Gruppenportfolio (Sozialform)**

Schritt 1:

Gemeinsame Themenfindung

Organisatorische Vorgaben, Organisationsrahmen

Aus dem Unterricht heraus entwickelt der Lehrer gemeinsam mit den Schülern ein Thema oder der Lehrer gibt auf Grundlage des Bildungsplans ein übergeordnetes Themengebiet vor (zum Beispiel „Gewalt", „Von der Blüte zur Frucht", „Literatur im Nachkriegsdeutschland", „geometrische Figuren im Alltag").

Individuelle Themenfindung

Aus den unterschiedlichen Interessensschwerpunkten der Schüler ergibt sich ein Thema mit Bezug zum Unterrichtsfach. Die Themenfindung kann beispielsweise begleitet werden durch Internetrecherche, Bildimpulse, Schmökerstunden in Sachbüchern, Bibliotheksbesuche oder Impulse durch Texteingaben. Findet der Lernende kein Thema für sein Portfolio, kann er mithilfe des Arbeitsblattes auf Seite 41 (8 Schritte zur Themenfindung) unterstützt und auf dem Weg zur Themenfindung begleitet werden.

5 | 8 Schritte zur Themenfindung

Dieses Arbeitsblatt soll dir im Zweifelsfall helfen, eine individuelle Themenstellung zu finden. Es ist in acht Schritten angelegt, die du nacheinander durchlaufen kannst. Beendet ist es an der Stelle, an der du dein Thema gefunden hast.

1. | Wie lautet das vorgegebene Thema der schulischen Portfolioeinheit? Notiere dir den genauen Titel:

2. | Welche Begriffe fallen dir zu dieser Themenstellung ein? Ordne deine Ideen, dein Vorwissen oder Richtungen, in die man das Thema weiterdenken könnte, in einer persönlichen Mindmap, einem Cluster oder einer Liste an. Kennzeichne anschließend die Richtung, die dich am meisten interessiert, rot.

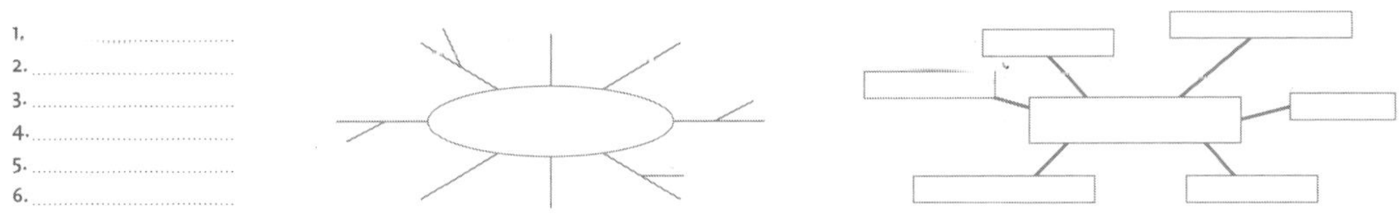

3. | Suche dir zwei Berater (zum Beispiel Klassenkameraden), denen du nacheinander deine Auflistung vorlegst und die mit einer eigenen Farbe weitere Begriffe zu deiner Mindmap, deinem Cluster oder deiner Auflistung hinzufügen.

4. | Welche deiner Stärken oder Dinge, die du besonders gut kannst, könnten dir bei der Umsetzung eines Themas nützlich sein? Erstelle ein Stärken-Schwächen-Profil und versuche, möglichst viele deiner Fähigkeiten und Fertigkeiten in dein Vorhaben einzubinden.

5. | Sprich mit deinen Beratern über ein mögliches Thema für dein Portfolio. Welche Vorschläge machen sie, die dich bei der Themenfindung weiterbringen?

6. | Trage deine Ideen für eine Themenstellung zusammen und schreibe eine kleine Beschreibung deines Vorhabens. Wie lautet das genaue Thema? Was möchtest du gerne bearbeiten oder herausfinden? Wie gehst du dabei vor?

7. | Lege deine Beschreibung den beiden Beratern vor und lasse sie von beiden kommentieren. Was fällt ihnen auf, zusätzlich ein, was ist ihnen unklar geblieben?

8. | Überarbeite deine Themenstellung(en) und sprich sie abschließend mit deiner Lehrerin oder deinem Lehrer durch. Gemeinsam könnt ihr nun deine individuelle Themenstellung festlegen.

Meine Idee für ein Portfoliothema:

Titel:

Interesse:

Vorgehen:

Beraterkommentare:

Schritt 2:

Gemeinsame Festlegung der formalen Kriterien

Den Schülern werden die Merkmale des Veröffentlichungs- oder Präsentationsportfolios vorgestellt und dabei der Präsentationsrahmen und der Adressatenbezug festgelegt. Siehe hierzu die Variationsmöglichkeiten im Kapitel „Drei Portfoliotypen im Unterricht“:

- Präsentationsdimensionen des Portfolios
- Adressatendimensionen des Portfolios

Der formale Rahmen des Portfolios wird meist vom Lehrenden vorgegeben. Kopiervorlagen dazu finden sich im Kapitel „Drei Portfoliotypen im Unterricht“:

- Die Schülergrundausstattung für die Portfolioarbeit
- Der verbindliche Aufbau deines Portfolios
- Formale Vorgaben zur Erarbeitung und zum Anlegen von Portfolios
- Vier grundlegende Maßstäbe für dein Portfolio

Es wird außerdem eine gemeinsame Festschreibung des vorgesehenen Zeitrahmens vorgenommen.

Kurze Checkliste:

- Gestaltung einer Titelseite
- Vor- und Nachwort
- Führen eines Inhaltsverzeichnisses
- Anordnung der im Unterricht erhaltenen Materialien
- Literaturverzeichnis
- Nachweis der Eigenleistung (siehe Kopiervorlage auf Seite 43)

6 Erklärung meiner Eigenleistung

Hiermit versichere ich, ______________________________ ,
Vorname, Name

dass in meinem Portfolio alle Gedanken und Ideen, die nicht auf mich zurückgehen, als solche gekennzeichnet sind. Die entsprechenden Stellen im Text sind mit einer Literaturangabe und gegebenenfalls einer Internetquelle versehen, die im Literaturverzeichnis weiter ausgeführt ist.

! Ich bin mir darüber im Klaren, dass sich eine Nichtbeachtung dieser Vereinbarung negativ auf meine Bewertung auswirken wird.

____________________ ______________________________
Datum Unterschrift (Vorname, Name)

- **Ein- und Abgrenzung des gewählten Themas**
- **Orientierung im nun festgelegten Themenbereich**
- **Sichtung möglicher Informationsquellen**

Schritt 1:

Themenfindungsverlauf

Die Schüler versuchen durch Recherche in verschiedenen Medien, untergeordnete Aspekte des gewählten Themengebiets zu erkennen und zu benennen. Sie verschaffen sich so einen Überblick über die Dimension des Themenbereichs.

Schritt 2:

Mögliche für das Thema geeignete Informationsquellen werden gesichtet und aufgezeigt, zum Beispiel Museen, Fremdenverkehrsamt, persönliche Kontakte, Sachbücher, Lexika, Zeitschriften.

Dimensionen der Informationsbeschaffung

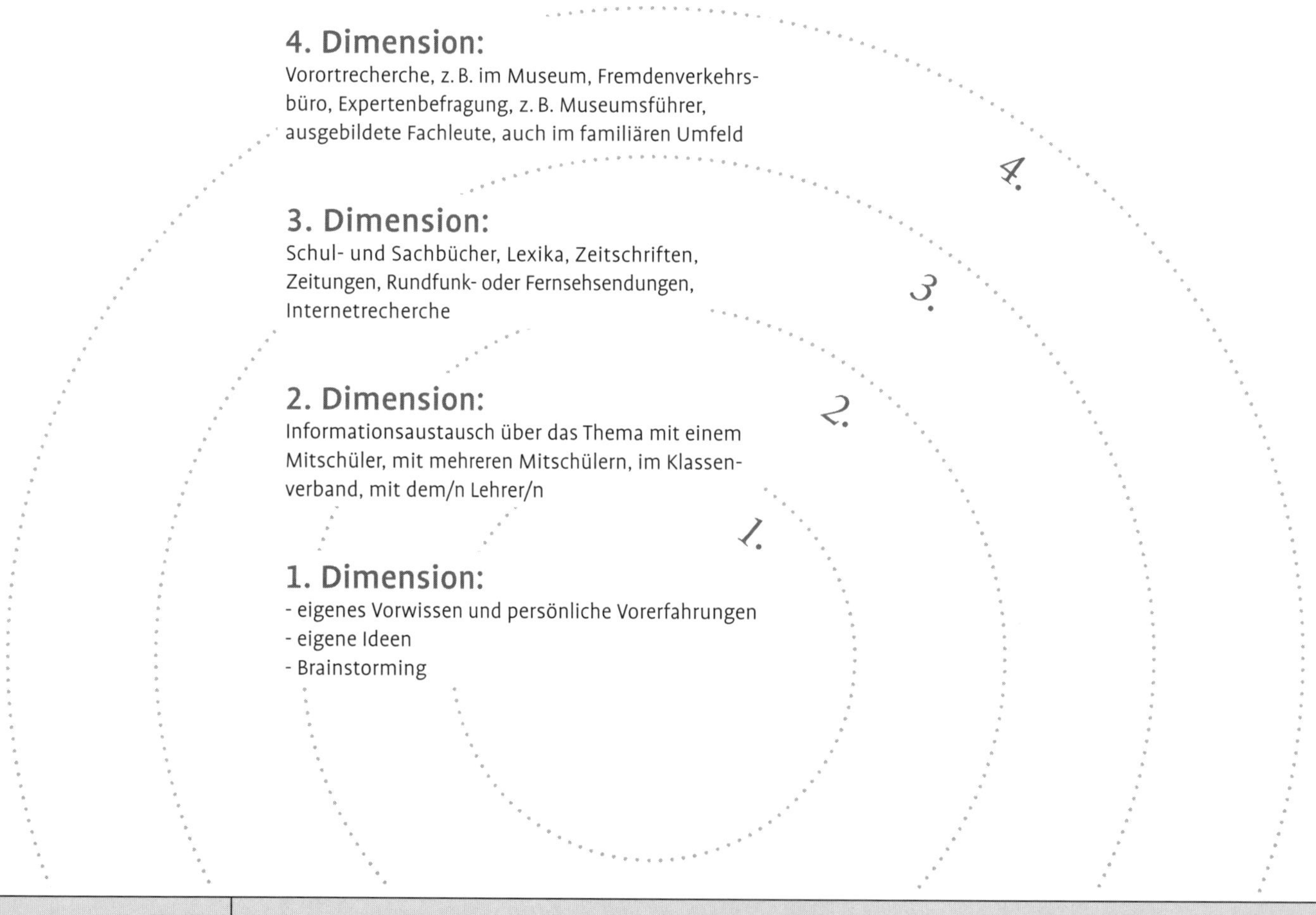

Schritt 3:

Daraus ergibt sich für den Schüler eine Konkretisierung des Themas, eventuell werden an dieser Stelle auch Themenvorstellungen revidiert oder verworfen. Es kommt nun zur Festlegung eines individuellen Themenschwerpunkts.

Schritt 4:

Eine Vorbereitung auf das erste Beratungsgespräch findet nun statt. Hierbei besteht die erste Verpflichtung, den bisher gegangenen Arbeitsweg aufzuzeigen sowie die eigenen Bemühungen und Überlegungen darzulegen. Der Schüler muss sich auf das Beratungsgespräch gezielt vorbereiten.

Beraten 4.3

- **Beratungsgespräch zur Themenfindung**
- **Verbindliches Festlegen des Themas**
- **Entwickeln einer konkreten Fragestellung**
- **Festlegen einer individuellen Zielsetzung**
- **Entwickeln eines nachvollziehbaren Rohentwurfs**

Erste Beratungsstufe kann als Peer- (in festen Gruppen) oder Lehrerberatung erfolgen

Schritt 1:

Das angedachte Thema wird nun im Gespräch verbindlich festgelegt. Lehrer und Schüler entwickeln aus den geleisteten Vorarbeiten eine gemeinsame Themen- oder Fragestellung. Dabei wird ebenfalls eine individuelle Zielsetzung festgelegt.

Schritt 2:

Bereits an dieser Stelle muss vom Schüler ein Rohentwurf seiner geplanten Arbeit entwickelt werden. Dieser beinhaltet auch, dass der Themenfindungsprozess (Tfp) dargestellt und dokumentiert werden muss. Der Schüler erhält für die Vorbereitung einer Kurzpräsentation, die seinen Tfp erläutern soll, ein Sprechblatt und erstellt mit dessen Hilfe eine Karteikarte als Spickzettel für seinen Vortrag.

7 Vorstellung des Themenfindungsprozesses und zweite Beratung

Das Sprechblatt kann dir als mögliche Vorlage zur Vorbereitung deines Kurzvortrags dienen. →

Bei der Kurzvorstellung meines Themas muss ich darauf achten, dass ich …

- laut und deutlich spreche, verständlich bin,
- nicht nur auf meinen „Spickzettel" schaue oder ablese,
- mich auf das Wesentliche konzentriere und
- mich kurz fasse, damit ich den Mitschülern einen Überblick meines Vorhabens geben kann.

Inhaltlich muss Folgendes gesagt werden:

- Welches übergeordnete Themengebiet ist vorgegeben?
- Welcher Aspekt könnte dich daran interessieren?
- Welche Fragen stellen sich dir dabei?
- Welches Unterthema könntest du dir zur Bearbeitung vorstellen?
- Woher könntest du dazu Informationen bekommen?
- Wen könntest du als Experten dazu befragen?

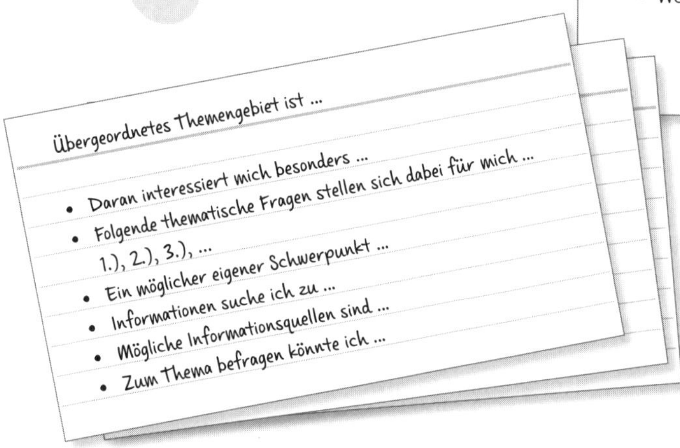

← *Diese Karteikarte dient dir als Vortragshilfe und „Spickzettel". Auf ihm kannst du Formulierungen, Schlüsselbegriffe und Halbsätze notieren, die dir während des Kurzvortrags weiterhelfen sollen.*

→ *Beispiel für einen Vortragstext zur Vorstellung des gewählten Themas im Rahmen eines Literaturportfolios.*

> Ich habe mich zum übergeordneten Themengebiet „Gewalt" informiert und mich interessiert dabei vor allem, welche verschiedenen Formen von Gewalt es gibt. Zunächst werde ich mir deshalb Informationen zu … suchen. Vermutlich finde ich die notwendigen Informationen oder Materialien in …/bei …/mithilfe von …

Schritt 3:

Es lassen sich anhand der Vorüberlegungen für den Schüler nun Planungsschritte im Hinblick auf die Präsentationsform und den Adressaten ableiten.

Klären | 4.4

- **Vorstellen von weiteren Rahmenbedingungen der Portfolioarbeit**
- **Vorstellen und Klären der Pflichtaufgaben**
- **Gegebenenfalls einen Ideenpool für die Gestaltung des freien Arbeitsbereichs anbieten**

Schritt 1:

Inhaltlicher Rahmen

Es findet nun im gemeinsamen Unterricht eine Vorstellung und Klärung der (durch den Lehrer oder die Zielsetzung) vorgegebenen Arbeitsbereiche (Pflichtaufgaben und freier Arbeitsbereich) statt. Beispiele für Pflichtaufgaben finden sich ab Seite 64 im Praxisbeispiel Literaturportfolio.

Hinweise zur Formulierung von Pflichtaufgaben

Pflichtaufgaben sollen ...

- allgemeingültig sein, das heißt auf verschiedene Themenbereiche übertragbar,
- einen Bezug zum Bildungsplan oder Kerncurriculum haben,
- eindeutig formuliert, für die Schüler verständlich und selbsterklärend sein,
- eine sinnvolle Abfolge von Arbeitsschritten beinhalten,
- machbar sein. Die einzelnen Aufgabenfelder müssen überschaubar und voneinander abgegrenzt sein. Es sollte auch Aufgaben geben, die kleinschrittiger angelegt sind und zum Beispiel innerhalb einer Unterrichtsstunde bewältigt werden können,
- zeitlich so konzipiert sein, dass sie nicht mehr als 50 Prozent der gesamten Portfolioarbeitszeit ausmachen – weniger ist mehr,
- Spielräume zur individuellen Leistungsdifferenzierung lassen, indem der Schüler entsprechend seiner Lesekompetenz und seinem Leistungsniveau ein thematisch passendes Buch aussuchen kann.

Schritt 2:

Transfer der Pflichtaufgaben

Im Rahmen eines Ideenpools werden etwa bei Schülern mit wenig Portfolioerfahrung gemeinsam Möglichkeiten angedacht, den freien Teil zu gestalten (siehe Praxisbeispiel Literaturportfolio ab Seite 64). Je nach Themenstellung und Altersstufe können Schüler hier ganz frei arbeiten oder in vorher grob abgesteckten Bereichen tätig werden. Gemeinsam mit dem Lehrer werden dabei kreative Umsetzungsmöglichkeiten gesammelt, sodass Denkanstöße gegeben werden. Der Schüler sollte danach in der Lage sein, die zur Umsetzung nötigen Arbeitsschritte zu planen und aufzuzeigen. Bei der Anlage des Erweiterungsbereichs sollte bereits bedacht werden, in welcher Form und wem das Ergebnis präsentiert wird.

Schritt 3:

Die vom Lehrer festgelegten, für alle Schüler verbindlichen Pflichtaufgaben müssen hier von den Schülern auf die eigene Themenstellung übertragen und in den eigenen Arbeitsprozess eingebaut werden. Es muss vom Schüler ein Transfer der Pflichtaufgaben auf das eigene Thema geleistet werden. Um diesen Arbeitsschritt umsetzen zu können, spielt die sinnvoll durchdachte, allgemeingültige Formulierung der Aufgabenstellung eine wichtige Rolle.

Folgende Fragestellungen müssen gleichzeitig mit dieser Transferaufgabe berücksichtigt werden:

- Welche Texte, Materialien und Inhalte benötige ich für die Umsetzung der Aufgabenstellung?
- Welche Ausgangsmaterialien oder Vorarbeiten sind notwendig?
- Was muss ich zur Bearbeitung der Aufgaben in den Unterricht mitbringen?
- Welche Kriterien, Kompetenzen liegen der Aufgabe zugrunde?

Schritt 4:

Ein genauer Arbeitsrahmen muss nun erarbeitet werden. Hierbei sind insbesondere Überlegungen zum Zeitbedarf der jeweiligen Arbeitsfelder notwendig.

- **Zielgerichtete Recherche und Materialbeschaffung**
- **Bereitstellung von Arbeitsmaterialien durch den Lehrer**

Die Erarbeitung erfolgt unter diesen Gesichtpunkten:

Vorarbeitsphase: Sichtungs- und Beschaffungsphase

- Zielgerichtete Recherche und Materialbeschaffung als Grundlage zur Erarbeitung im Unterricht
- Möglichkeit, Arbeitsmaterialien (vonseiten des Lehrers) bereitzustellen. Die Aufgabe des Lehrers ist in dieser Phase, die Materialsichtung zu begleiten und gegebenenfalls Grundlagenwissen zum übergeordneten Thema bereitzustellen.

Lehrer als Arbeits- und Lernberater

- Beratergruppe (Beratung Lernende-Lernende). Mit ihr kann der Lernende zum Ende der Vorarbeitungsphase seinen Arbeitsstand besprechen, möglicherweise zusätzliche Anregungen oder Tipps bekommen und weitere Schritte planen.

In der Hauptarbeitsphase werden zum Gelingen der eigenständigen Arbeit noch differenziertere Schritte notwendig:

Eine Übersichtstafel zum Arbeitsstand und die Vorgabe eines Erarbeitungszeitrahmens sind Grundlage für die Planung des Lernverlaufs (siehe Kopiervorlage auf Seite 51).

- In die Übersichtstafel trägt jeder Schüler sein aktuelles Vorhaben ein. Damit wird ein Medium der Strukturierung und Planung vorgegeben, das in groben Zügen den Arbeitsverlauf des Einzelnen gliedert und transparent macht.
- Die Einheit der zeitlichen Dimensionierung sind Unterrichtstunden (Ausfallstunden in Ferienzeiten sind einzuplanen).
- In die Übersichtstafel trägt sich der Schüler zu Beginn jeder Stunde etwa mit einem Aufkleber ein. Darauf notiert er:
  - seinen Namen,
  - das Symbol seines Themas (passende Symbolik auswählen) und
  - sein Vorhaben im aktuellen Lernabschnitt, zum Beispiel eine mögliche Beratungssequenz oder den Wechsel an einen anderen Lernort wie den Computerraum zur Recherche oder die Sitzecke zur Diskussion.

Name: ...
Themensymbol: ...
Vorhaben im Lernabschnitt: ...
Zielsetzung: ...

- Dieser Kleber wird für jede Portfoliositzung ausgefüllt und an der Pinnwand oder dem Poster angebracht, um eine übersichtliche Arbeitsstandsdokumentation zu erhalten.

- Von Schülerseite muss die Arbeitsaufgabe auf diese Weise geplant und bewusst sein, und der Lehrer kann andererseits den Stand der Arbeit jedes einzelnen Schülers einsehen.
- Diese Organisationsform ermöglicht es auch, gezielt andere Arbeitsorte in die Planung mit einzubeziehen und die Beratungssequenzen zeitlich sinnvoll zu planen und zu organisieren.
- Der notwendige außerschulische Arbeitsaufwand kann dadurch eingeschätzt werden.

Die **Übersichtstafel zum Arbeitsstand** sollte flexibel und ausbaufähig angefertigt werden. Es ist ein wichtiges Planungs- und Organisationsmedium, das, wenn es ritualisiert eingesetzt wird, weniger Zeit in Anspruch nimmt, als man zunächst befürchten mag.

8 Planung des Lernverlaufs

	Stundendatum:	Stundendatum:	Stundendatum:
Pflichtaufgabe 1			
Arbeitsschritt 1			
Arbeitsschritt 2			
Arbeitsschritt 3			
Arbeitsschritt 4			
Pflichtaufgabe 2			
Arbeitsschritt 1			
Arbeitsschritt 2			
Pflichtaufgabe 3			
Arbeitsschritt 1			
Arbeitsschritt 2			
Arbeitsschritt 3			
Erweiterungsbereich 1			
Erweiterung im Bereich ...			
Erweiterung im Bereich ...			
Erweiterung im Bereich ...			
Erweiterungsbereich 2			
Erweiterung im Bereich ...			
Erweiterung im Bereich ...			
Erweiterung im Bereich ...			
Erweiterungsbereich 3			
Erweiterung im Bereich ...			
Erweiterung im Bereich ...			
Erweiterung im Bereich ...			

Die Aufgaben am freien Teil werden vom Schüler selbst formuliert und eingetragen. Die Zielsetzung des jeweiligen Vorhabens muss deutlich und die nötigen Materialien müssen vorhanden sein!

Tipp:
Die Grafik der Übersichtstafel sollte auch den Schülern als Formblatt vorliegen. Da das Formblatt später im Portfolio abgeheftet werden muss und bewertungsrelevant sein kann, wird der Schüler angehalten, es auch für sich auszufüllen.

Egal in welcher Form Unterricht stattfindet oder Schule strukturiert ist, jedes schulische Tun, sei es auch noch so schülerfreundlich und gut durchdacht, gelangt irgendwann an den Punkt, wo tatsächlich konzentriertes, ertragreiches und manchmal auch zähes Arbeiten gefordert wird. Davon ist auch die Portfolioarbeit nicht ausgenommen. Gerade in der oben beschriebenen Phase ist es von Lehrerseite notwendig, die Schüler durch Beratungssequenzen zu stärken und gegebenenfalls neu zu motivieren. Oft reichen schon interessierte Nachfragen, kleine Tipps oder ein wohltuendes Lob!

4.6 Beraten

Stufenberatung

Nach Fertigstellung jeder Pflichtaufgabe ist eine Beratung mit anschließender Möglichkeit zur Überarbeitung sinnvoll. Der Lernende kann dabei (je nach Vereinbarung in der Klasse) seine Berater selbst auswählen.

Die zentrale Fragestellung im Beratungsgespräch an dieser Stelle muss sein, inwieweit der Schüler die Pflichtaufgaben erarbeitet und in welcher Qualität er seine Fragestellung bearbeitet hat. Der Beratungsbogen auf der folgenden Seite ermöglicht eine sinnvolle Beratungssituation.

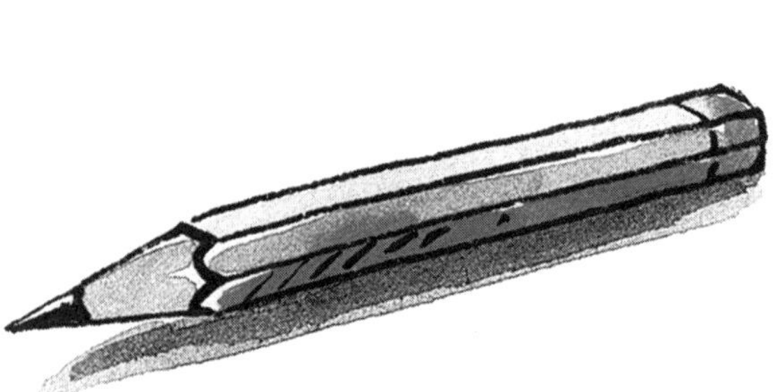

9 | Protokollartiger Beratungsbogen

1. | **Welche Form der Beratung wurde gewählt?**

☐ Lernende-Lehrende ☐ Lernende-Lernende ☐ Lernende-Experte

2. | **Welche Sachverhalte des Portfolios wurden genauer besprochen?**

____

3. | **Wie verlief das Beratungsgespräch?**

Kurze Gesprächsnotizen: ______________________________

Hinweise von Lernendem, Lehrendem/Berater: ______________________

____

4. | **Welche Rückmeldung wurde gegeben?**

☐ inhaltlich ______________________________

☐ formal ______________________________

5. | **Welche Stärken und Schwächen wurden benannt?**

☐ Stärken ______________________________

☐ Schwächen ______________________________

6. | **Wie sehen die weiteren Arbeitsschritte aus?**

____

7. | **Nächstes Beratungsgespräch wird vorgesehen am:**

____

________________ __________________________
Datum Unterschrift der Beteiligten

Ergibt sich aus der Beratung heraus der Bedarf einer Nachbesserung, Überarbeitung oder Neugestaltung, sind die zu überarbeitenden oder veränderten Produkte so anzulegen, dass der Berater sie im Anschluss erneut einsehen kann.

In einer zweiten Stufe wird eine erneute Beratung vorgenommen, sodass eine direkte Rückmeldung erfolgen kann (zum Beispiel einen Rand des Arbeitsblattes als Rückmeldefläche markieren – Korrekturrand). Es ist dem Berater eine Hilfe, wenn er auf das Beratungsprotokoll und das Ausgangsprodukt zurückgreifen kann. Er kann dann leichter feststellen, ob eine Verbesserung erfolgt ist. Damit übernimmt auch der Berater eine Mitverantwortung für das überarbeitete Produkt.

Für den offenen, themengebundenen Arbeitsteil ist eine ähnliche Arbeitsabfolge denkbar. Die Schülerinnen und Schüler erarbeiten eigenständig ihre Themenstellung und werden im Erarbeitungs- und Lernprozess beraten.

4.7 Erarbeiten

Nach dem Anlaufen der Hauptarbeitsphase stellen die Schüler auf einem Ausstellungsblatt Schwerpunkte ihrer Portfolioarbeit dar und beschreiben insbesondere die Ausgestaltung des freien Bereichs.

Entsprechend dem Portfoliotyp sollte die Darstellungsart der im Anschluss erfolgenden Präsentation, zum Beispiel Skizze, Schaukasten, Experiment, Plakat, ersichtlich sein oder angedacht werden. Der Schüler wird hier zu einer Zwischenbilanz seiner Arbeit beziehungsweise einer Planungskonkretisierung angehalten.

10 Ausstellungsblatt zur Planungskonkretisierung

1. | Übergeordnete (vorgegebene) Themenstellung:

Jugendbücher zum Thema Gewalt – verschiedene Erscheinungsformen von Gewalt

2. | Mein ausgewählter Themenbereich:

Gewaltausübung an Schulen, erarbeitet anhand des Jugendbuchs „Im Schatten der Wächter" von Graham Gardner

3. | Meine zugrundeliegenden Fragestellungen:

Welche Arten von Gewalt gibt es an Schulen?
Welche Erscheinungsform von Gewalt wird von Schülern als am schlimmsten empfunden?
Welche Strukturen ermöglichen die Gewaltausübung?
Warum helfen sich Opfer nicht gegenseitig?

4. | Vereinbarte Form der Veröffentlichung:

Ausstellung im Schulhaus

5. | Umsetzungsidee für meinen Ausstellungsbeitrag und Begründung:

Da im Buch die Schülergruppe „die Wächter" als übermächtig, aber nicht wirklich greifbar beschrieben wird, erscheinen sie also sozusagen als Schatten. Deshalb möchte ich meine Ausstellungsinhalte auf lebensgroße menschliche Umrisse aus schwarzer Pappe machen. Mehrere solcher „Pappschatten" sollen dann nebeneinander aufgestellt werden.

6. | Ideen zur Umsetzung der Pflichtaufgaben:

Den Steckbrief schreibe ich auf eine der Pappfiguren, die allerdings eine andere Farbe bekommen soll als die anderen. So wird erkennbar, dass es sich um die Hauptfigur handelt. Die Stationen der Handlung kommen auf graue Blätter, die auf den Pappfiguren befestigt werden .

7. | Ideen für den freien Teil:

In unserer Schule werde ich eine Umfrage zum Thema Gewalt machen. Dazu muss ich einen Fragebogen entwerfen.

8. | Benötigte Materialien:

große, schwarze Pappplakate und Karton zum Verstärken
Fotokopien des Fragebogens, Auswertungsraster, ...

Die Reflexion der im Unterricht gefertigten Arbeit wird in drei Stufen unterteilt:

Erste Stufe

Die erste Stufe sind Schlussreflexion und Ausblick am Ende einer/jeder Unterrichtsstunde. Die Zusammenstellung auf dem Reflexionsbogen „Finito“ (siehe Kopiervorlage auf der nächsten Seite) dient gleichermaßen als Stundenrück- und Ausblick, wird also in der folgenden Unterrichtsstunde automatisch zur neuen Zielsetzung. So wird gewährleistet, dass der Erfolg oder die Sinnhaftigkeit der geleisteten Arbeit vom Schüler in jeder Stunde nachvollzogen werden muss. Die hier angelegte Reflexion ist gleichermaßen Element eines nachhaltigen Zeitmanagements sowie der Organisationsplanung.

Tipp:
Für das sorgfältige Ausfüllen des Reflexionsbogens sollte den Schülern ausreichend viel Zeit eingeräumt werden.

11

»Finito«

Bitte am Stundenende ausfüllen!

1. Das hatte ich mir für diese Stunde vorgenommen ...

2. So weit bin ich gekommen ...

3. Damit werde ich in der nächsten Stunde weitermachen ...

4. Das muss ich zu Hause noch erledigen ...

5. Das muss ich das nächste Mal mitbringen ...

Zweite Stufe

Bei der zweiten Stufe geht es um die Reflexion eines Teilbereichs der geleisteten Portfolioarbeit. Hierbei macht man sich zum Beispiel Gedanken über

- den persönlichen Nutzen der erfolgten Beratung,
- den Verlauf der Materialbeschaffung,
- die Umsetzung einer bestimmten Pflichtaufgabe,
- die Umsetzung der Wahlaufgabe/n.

Tipp: *Diese Vorgehensweise stellt eine gute Möglichkeit dar, die Reflexion als Hausaufgabe machen zu lassen.*

Dabei kann auf folgende Fragen eingegangen werden:

- Welche Vorgabe hatte ich?
- Was fiel mir schwer, was leicht?
- Bin ich mit dem erzielten Ergebnis zufrieden?
- Welche Hilfestellung hatte ich, hätte ich gebraucht?
- Welchen Bereich kann ich optimieren?

Dritte Stufe

Die dritte Stufe der Reflexion beinhaltet ein Vorwort und/oder Nachwort des Portfolios. In einem Vor- oder Nachwort hat der Verfasser eines Portfolios die Gelegenheit, sich direkt an einen potenziellen Leser zu wenden. Absichten und/oder Zielsetzungen sowie verschiedene Erläuterungen finden in dieser Textform Platz. Sowohl Vorwort als auch Nachwort müssen in Form eines ansprechenden Fließtextes gestaltet sein.

Denkbar sind hierbei verschiedene Möglichkeiten:

1. Variante:
Die Schüler schreiben zu Beginn ihrer Arbeit ein Vorwort, in dem sie ihre Ziele und Intentionen beschreiben, und reflektieren ihre Portfolioarbeit am Ende in einem Nachwort. Vor- und Nachwort beziehen sich aufeinander.

2. Variante:
Die Schüler schreiben am Ende ihrer Portfolioarbeit ausschließlich ein Vorwort, das dann allerdings Reflexionselemente enthält.

3. Variante:
Die Schüler schreiben nur ein abschließendes Nachwort.

Kopiervorlagen zum Erstellen eines Vor- und Nachworts finden sich auf Seite 60 und 61. Vor- und Nachwort sollten folgende inhaltlichen Aspekte aufgreifen:

- Intention der geleisteten Arbeit, was ist/war mein Ziel?
- Was ist/war mir besonders wichtig?
- Grund für die Themenauswahl, Motiv

Außerdem sollte sich der Text direkt an den potenziellen Leser wenden, das heißt der Adressatenbezug muss klar erkennbar sein.

Mögliche Texteinstiege:

Lieber Leser meines Portfolios, ...

Mit diesem Portfolio möchte ich den Leser über die wichtigsten Werke des Autors Wilhelm Grimm informieren.

Ein großes Anliegen dieses Portfolios ist es, mit den Vorurteilen über ... aufzuräumen.

Liebe Mitschüler, das Thema Gewalt ist an unserer Schule allgegenwärtig, deshalb war es mir wichtig, ...

Liebe Eltern,
in diesem Portfolio zum Schullandheimaufenthalt in Bergisch Gladbach möchte ich ...

Liebe Ausstellungsbesucher, ...

12 Portfoliovorwort

1. **Was habe ich vor im Bezug auf die übergeordnete Themenstellung?**
Vorhaben, Themenstellung, etc.

Zum Beispiel:
„Im vorliegenden Märchenportfolio zu ‚deutschen Märchen‘ werden die bekanntesten Märchen der Brüder Grimm vorgestellt und bearbeitet.“

2. **Warum habe ich das Thema gewählt?**
Grund der Themenstellung

Zum Beispiel:
„Eines meiner Lieblingsmärchen stammt von den Brüdern Grimm, sodass ich gerne noch weitere Märchen derselben Autoren näher kennenlernen wollte.“

3. **Was ist mein Ziel/was sind meine Ziele?**
Zielsetzung und Motive

Zum Beispiel:
„Ich möchte auch andere Leser für Märchen begeistern und ihnen einen Überblick über die Werke der Brüder Grimm geben.“

4. **Welche Fragestellung/en liegen meiner Portfolioarbeit zugrunde?**
Verschiedene Fragehorizonte

Zum Beispiel:
Wer sind die Brüder Grimm? Wie kamen sie auf die Märchen? Welches sind ihre berühmtesten Märchen? Welche Märchen von ihnen kenne ich noch nicht?

5. **Wie will ich es erreichen?**
Wege der Umsetzung

Zum Beispiel:
„Verschiedene Märchen werden als Nacherzählung, durch Inhaltsangaben, als Comic oder Bildergeschichte zusammengetragen, sodass der Leser, ohne alle Märchen zu lesen, möglichst viele Einblicke erhält.“

13 Portfolionachwort/-vorwort

1. **Was hatte ich vor?**
   Vorhaben, Themenstellung

   Zum Beispiel:
   „Unser ursprünglicher Arbeitsauftrag war es, ergonomische Formgebungen bei Alltagsgegenständen ausfindig zu machen und mathematisch zu rekonstruieren. Da die Vielfalt der Erscheinungsmöglichkeiten so zahlreich war, beschränkte ich mich auf den Bereich Bürogegenstände."

2. **Was war mein eigentliches Interesse?**
   Grund oder Motiv der Themenstellung

   Zum Beispiel:
   „Während meiner Recherchearbeiten am Computer wurde ich auf meine ergonomisch geformte Computermaus aufmerksam. Diese brachte mich auf die Idee, den Bereich Bürobedarf genauer unter die Lupe zu nehmen."

3. **Was waren meine Zwischenziele?**
   Zielsetzung und Motive

   Zum Beispiel:
   „Meine Zielsetzung war es, aufzuzeigen, in welchen Bereichen gelungene Praxisbeispiele vorliegen und wo noch Defizite vorhanden sind. Dabei wollte ich die Vorgehensweise von Produktdesignern kennenlernen und selbst ein Modell einer ergonomisch geformten Computermaus anfertigen."

4. **Was konnte ich davon umsetzen?**
   Gründe für den eingeschlagenen Weg

   Zum Beispiel:
   „Durch den hergestellten Kontakt zu einer Produktdesignerin aus Köln konnte ich mit der Herangehensweise von Produktdesignern vertraut werden. Aus diesem neuen Blickwinkel heraus testete ich verschiedenen Bürobedarf. Dabei beschränkte ich mich aufgrund der umfassenden Produktpalette schnell auf Computermäuse."

5. **Welche Schwierigkeiten gab es? Was habe ich verworfen und warum?**

   Zum Beispiel:
   „Es gelang mir aufgrund des fehlenden handwerklichen Geschicks und der entsprechenden Maschinen und Materialien nicht, ein eigenes Modell herzustellen."

4.9 Dimensionen der Reflexion – 3 Reflexionsstufen

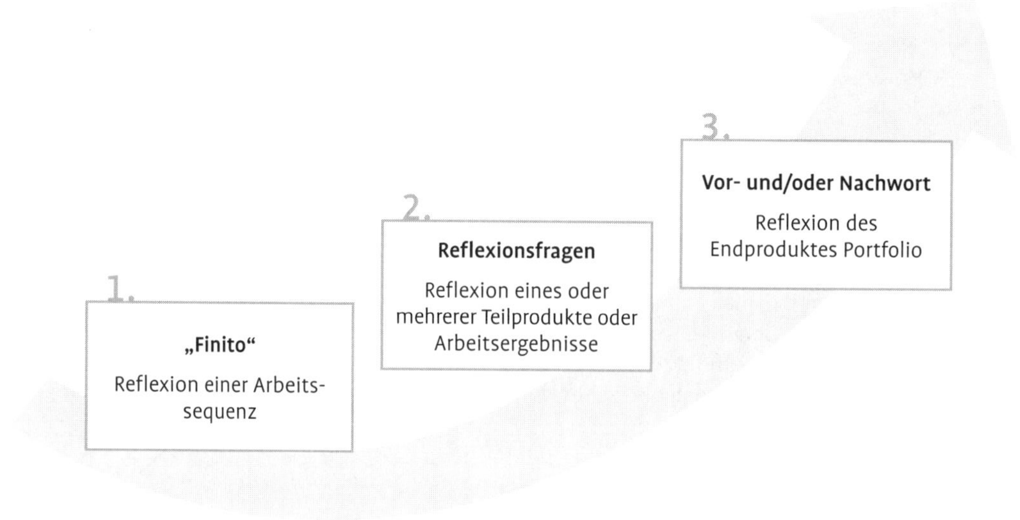

4.10 Erarbeiten der Veröffentlichung

An das Ende der eigentlichen Portfolioerarbeitung schließt sich die Veröffentlichungsphase der erarbeiteten Ergebnisse an. In welchen Dimensionen veröffentlicht werden kann, zeigen die „Präsentationsdimensionen des Portfolios“ (siehe Seite 29). Zunächst wird nochmals auf den Präsentationsrahmen und den Adressatenbezug eingegangen, nach dem sich die Auswahl der dazu nötigen Inhalte richtet.

Die Auswahl der Portfolioinhalte wird gelenkt durch:

- Erfüllung der Pflichtinhalte
  Hierbei besteht die Möglichkeit, Erstlings- und Endfassungen von erstellten Produkten beizulegen.
- Adressatenbezug
  An der Adressatenauswahl orientiert sich die diesbezügliche Gestaltung des Vorworts und/oder Nachworts.

Die Summe der Pflichtaufgaben und der freie Teil münden in einer wie auch immer gestalteten Veröffentlichung. Die Veröffentlichung oder Darstellung des Portfolios erfolgt in einem kriteriengestützten Rahmen, der in der Einführungsphase festgelegt und vereinbart wurde. Den Rahmen der Veröffentlichung bildet der ausgewiesene Adressatenkreis.

Mögliche Veröffentlichungsformen sind:

- Das Portfolio als solches wird von anderen gelesen. Dies könnte in Form einer Portfoliovernissage umgesetzt werden. Denkbar ist, dass die Autoren selbst einen Personenkreis bestimmen können, der als Leser ausgewählt wird. In diesem Fall muss das Portfolio selbsterklärend sein, da keine weiteren Erläuterungen gemacht werden.
- Das Portfolio wird einem Publikum präsentiert. Hierbei können Erläuterungen gegeben und Fragen beantwortet werden.
- Das Portfoliothema beziehungsweise der erarbeitete Inhalt wird präsentiert. Dabei liegt das Augenmerk auf den erarbeiteten Ergebnissen oder Sachinformationen. Hierbei fungiert das Portfolio in erster Linie als Erarbeitungsinstrument.
- Das Portfoliothema beziehungsweise der erarbeitete Inhalt wird unter Bezugnahme auf den Entstehungsprozess präsentiert. Dabei dient das Portfolio gleichermaßen als Erarbeitungs- und Reflexionsinstrument.

Praxisbeispiel

5 Ein modifizierbarer Verlauf einer Portfolioeinheit zum Thema „Gewalt“ (siehe Aufgabenstellung auf Seite 72)

5.1 Mitgestaltung

Thematische Hinführung und Ausrichtung

- Vorstellen der Unterrichtseinheit und gemeinsame Ausrichtung des Themenschwerpunkts
- Festlegen der Portfolioart (Präsentationsportfolio)
- Einzelarbeit oder Gruppenarbeit sind hierbei zur Kriterienerarbeitung möglich
- Allgemeingültige formale Kriterien werden festgelegt:
  - Die Schülerinnen und Schüler fertigen ein **Deckblatt** (Name, Klasse, Datum und Thema) an und
  - ein **Inhaltsverzeichnis** (Verzeichnis der Seiten und Seitenzahlen) für ihr Portfolio.
  - Sie nummerieren die Blätter durch.
  - Sie geben auf dem letzten Blatt alle verwendeten **Quellen** an, auch die Quellen aus dem Internet (genaue Adresse) und
  - fügen eine **schriftliche Versicherung** bei, dass sie ihr Portfolio selbstständig und nur mit den angegebenen Quellen erstellt haben.
- Wissensstandabfrage (Kartenabfrage) zum gegebenen Rahmenthema: „Welche Formen von Gewalt gibt es?“
- Thematische Einblicke, zum Beispiel durch Bilder, Sachbücher, Texte oder Filme

Klärung der Pflichtaufgabenstellung

Ergebnis soll ein Literaturportfolio sein mit den Inhalten:

- Erläuterung der Buchauswahl mit Bezug auf sonstige Lesegewohnheiten
- Angabe der genauen bibliographischen Angaben: Autorenname, Vorname: Titel. Verlag: Erscheinungsort Erscheinungsjahr (eventuell Nummer der Auflage)
- Verfassen einer Inhaltsangabe in eigenen Worten
- Darstellung des im Buch vorkommenden Sachthemas
- Vorstellung der Hauptpersonen
- Stationen der Handlung
- Persönliche Stellungnahme

Freier Arbeitsteil

Das **Literaturportfolio** kann im freien Bereich folgende Themenstellungen enthalten:

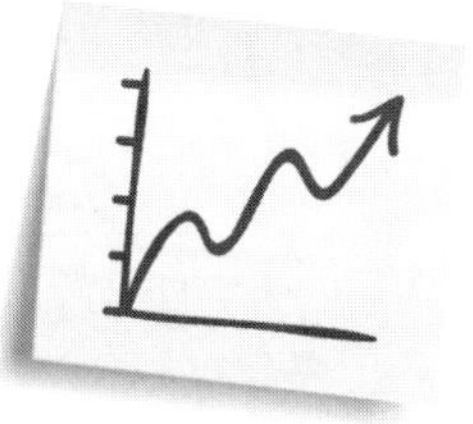

- Die Schülerinnen und Schüler stellen die Hauptperson ihres Buches in Form einer **Lebenskurve** vor: Wenn es der Figur gut geht, steigt die Kurve nach oben, wenn es ihr schlecht geht, weist die Kurve nach unten. An den Höhe- und Tiefpunkten schreiben sie kurz auf, was jeweils passiert (Papierformat: DIN A4 oder DIN A3).
- Sie recherchieren in Lexika, Zeitungen und Zeitschriften, Verlagsprospekten und im Internet und sammeln möglichst viele Informationen über die Autorin beziehungsweise den Autoren. Diese Informationen werden dann in Form eines **Autorenporträts** verarbeitet (Fließtext, eventuell mit Bild).
- Sie schreiben eine **Vorgeschichte** für eine zentrale Figur. Darin machen sie deutlich, wie die Figur so geworden ist, wie sie am Anfang des Buches erscheint.
- Sie schreiben aus der Rolle der Hauptfigur einen **Brief** aus der Zukunft. Dabei stellen sie sich vor, was die Figur in zehn Jahren über die Geschehnisse denken wird, die im Buch dargestellt sind.
- Die Schülerinnen und Schüler fertigen ein **Werbeplakat** (DIN A3, Zeichenblockblatt) für das Buch an. Die Werbeplakate sollen im Klassenzimmer und/oder im Schaufenster einer Buchhandlung ausgestellt werden.

Natürlich sollten die Lernenden den freien Teil selbst entwickeln, die oben stehenden Aufgabenstellungen sind aus einem Literaturportfolio zu diesem Thema abgeleitet und als Anregungen gedacht.

Information der Eltern

In Form eines Elternbriefs (Wiedenhorn 2006, S. 84) werden die Eltern vom Thema der Unterrichtseinheit in Kenntnis gesetzt. Sie können sich so für die Fragen ihrer Kinder besser bereithalten.

5.2 Sammeln

Kennenlernen möglichst vieler unterschiedlicher Bücher

Die Schüler haben die Möglichkeit, ein Buch zu genau dem Aspekt des Themas zu wählen, der sie am meisten anspricht und interessiert. Verschiedene Möglichkeiten der Buchdarbietung kommen in Frage:

- Lesekiste: Buchsammlung unterschiedlicher Jugendbücher, die zum direkten Anschauen und Anlesen ins Klassenzimmer mitgenommen werden können.
- Internetrecherche (siehe Vorschläge auf der Kopiervorlage auf Seite 73). Hier finden sich zu vielen Themen Bücherlisten, deren Klappentexte und Leseproben einsehbar sind.
- Buchvorstellung durch den Lehrer
- Lesen von Leseproben, kopierten Klappentexten

Die Schüler treffen bereits hier eine engere Auswahl von ungefähr drei Büchern, die für die Arbeit in der Unterrichtseinheit in Frage kommen. Sie dokumentieren ihre Buchauswahl.

5.3 Beraten

Eine Buchauswahl treffen

Die Schüler wählen nach eigenen Interessensschwerpunkten ein Buch und somit einen Teilaspekt des Themas „Gewalt" aus und begründen ihre Auswahl. Lesebegleitende Aufgaben werden vorgeschlagen. Bei einer ersten kurzen Beratungsrunde wird festgestellt, ob verschiedene Aspekte des Themas aufgegriffen wurden.

Tipps zur Umsetzung

Damit es den Schülern leichter fällt, neben den inhaltlichen Aspekten auch die Darstellungsform im Auge zu behalten, kann an dieser Stelle die Frage aufgeworfen werden, welche äußeren Bedingungen die Präsentation erfüllen muss. Auf diese Weise kann man die bereits zu Beginn der Arbeit mündlich gegebenen Tipps wiederholen.

Aufgaben, die zu Hause erledigt werden könnten

- Steckbrief zu Personen
- Sachthema festlegen
- Erste Informationen und Materialien suchen
- Überlegung zu einer sinnvollen und passenden Präsentationsform:
  - Wie können die Schülerinnen und Schüler die Stationen am besten darstellen?
  - Welche Materialien benötigen sie?
  - Welche Symbole/symbolischen Gegenstände könnten sie verwenden?
  - Skizze zur geplanten Darstellungsform auf Papier oder Folie zur Präsentation der Zwischenergebnisse

Wichtig ist, dass ein großer Teil der Bearbeitungsphase im Unterricht stattfindet. Gerade das Sachthema kann mithilfe von Texten im Unterricht erarbeitet werden, sodass Nachfragen, Rückmeldungen und Beratungen möglich sind.

Präsentation der Zwischenergebnisse vor der Klasse/in der Peerberatung

Um zu verhindern, dass der letztendliche Ausstellungsbeitrag erst kurz vor dem Abgabetermin angegangen wird, sollen die Schülerinnen und Schüler eine Rückmeldung zu ihrem Arbeitsstand geben, aber auch bekommen. Sie sollen deshalb eine Skizze des geplanten Ausstellungsbeitrags der Klasse vorstellen und erhalten dazu ein Feedback. Es können sich daran eine Ideenbörse und ein Materialtausch anschließen.

Rückmeldung 1

- Die Schülerergebnisse werden als Ausstellung im Klassenzimmer oder Schulhaus ausgestellt.
- Ein Ausstellungshinweis mit dem Titel der Ausstellung wird angebracht.
- Die Klasse begibt sich auf einen ersten Ausstellungsrundgang.
- Die Ergebnisse werden auf ihre erste Wirkung hin zurückgemeldet.

Im Team geben die Schüler zu möglichst vielen Ausstellungsstücken eine Rückmeldung (siehe Bewertungsbogen auf Seite 74f.), die sie für die anderen nicht sichtbar, umgedreht unter das Ausstellungsstück hängen. So kann jeder Schüler am Ende dieser Phase sofort eine erste Einschätzung seiner Leistung einsehen.

Rückmeldung 2

Die Schülerergebnisse werden im genauen Hinblick auf das Umsetzen der Vorgaben schriftlich ausgewertet (Bewertungsbogen siehe Seite 74f.).

Jeder Schüler schätzt mithilfe eines Bewertungsbogens das Ausstellungsstück eines ihm zugelosten Mitschülers ein und hält seine Ergebnisse schriftlich fest. Es kann an dieser Stelle von den bewertenden Schülern auch eine Note vorgeschlagen werden.

Selbsteinschätzung

Nach der kritischen Auseinandersetzung mit dem Ausstellungsstück eines Mitschülers nehmen die Lernenden nun auf dieselbe Weise eine Selbstbewertung vor. Die schriftliche Auseinandersetzung mit der eigenen Leistung kann in die abschließende Bewertung mit einfließen.

Im Anschluss an die Unterrichtseinheit können die Ausstellungsstücke auch an einem anderen (öffentlichen) Ort ausgestellt werden, zum Beispiel in einer Bank oder im Rathaus.

14

Meine Buchauswahl

für die Portfolioarbeit: Jugendbücher
zum übergeordneten Themenbereich „Gewalt“

1. | Folgende der vorgestellten Bücher/der Bücher aus der Bücherkiste/aus der Bücherei haben sich für mich interessant angehört:

	Autor/Autorin:	Titel:	Welche Form von Gewalt wird im Buch aufgegriffen/behandelt?
1.			
2.			
3.			

2. | Folgende Bücher, die ich auf den angegebenen Internetseiten gefunden habe, würden mich interessieren:

	Autor/Autorin:	Titel:	Welche Form von Gewalt wird im Buch aufgegriffen/behandelt?
1.			
2.			
3.			

3. | Meine **persönliche Rangliste** (aller von mir gesichteten Bücher):

	Autor/Autorin und Titel:
1.	
2.	
3.	

Name:

15 Aufgaben für die Peerberatung in der Gruppe

1. | Jedes Gruppenmitglied stellt nacheinander folgende Punkte vor:

Thema des Buches
Inhalt des Buches (die wichtigsten Handlungsschritte in wenigen Worten!)
Erscheinungsform des Themas Gewalt (zum Beispiel körperliche, seelische, psychische Gewalt)
die **eigene Meinung** zum Buch
die endgültige **Form der Präsentation** (hier können zum Beispiel Skizzen gezeigt werden)
die bisherige Auswahl an **Sachtexten**

2. | Die Zuhörer machen sich währenddessen Notizen. Folgende Punkte müssen mit auf den Notizzettel:

Name des jeweiligen Mitschülers und Titel seines Buches
Inhalt des Buches in Stichworten
Worum geht es in den jeweils ausgewählten **Sachtexten** (Stichworte!)
Hat **etwas gefehlt**? Wenn ja, was?
Hat man als Zuhörer das Gefühl, der Vortragende hat wirklich Ahnung von seinem Buch?

Die Stichwortzettel werden am Ende der Stunde abgegeben.
Vergesst nicht, eure Namen darauf zu schreiben!

! Wichtig:
Die Zuhörer haken immer dann nach, wenn sie etwas nicht verstehen oder nachvollziehen können und geben Tipps, wenn man ihrer Meinung nach etwas besser oder anders machen könnte.

16 Hinweise und lesebegleitende Aufgaben

1. | Hinweise für die Arbeit am Literaturportfolio:

1.	Alle im Unterricht vereinbarten formalen Kriterien zur Erstellung eines Portfolios müssen erfüllt werden.
2.	Das Portfolio ist erst später Basis zur Erstellung der Präsentation oder Veröffentlichung.
3.	Alle Pflichtaufgaben (siehe Arbeitsblatt zu den Pflichtaufgaben auf Seite 72) müssen zuerst im Portfolio erarbeitet und deren Ergebnisse dort abgelegt werden.
4.	Jede Schülerin und jeder Schüler muss zunächst möglichst viele Jugendbücher zum übergeordneten Thema „Gewalt" kennenlernen, das heißt Klappentexte, Rezensionen oder Textausschnitte suchen und lesen.
5.	Anschließend wird zu den gesichteten Büchern ein persönliches Ranking erstellt.
6.	Für eines der Bücher, das dann Arbeitsgrundlage für das Portfolio wird, muss man sich schließlich entscheiden.
7.	Das ausgewählte Buch gibt auch das Sachthema (Erscheinungsform von Gewalt) vor, welches anhand von Sachtexten recherchiert und als Wissenshintergrund erarbeitet werden muss.
8.	Die dazu gesammelten und nach Anleitung bearbeiteten Sachtexte werden ebenfalls im Portfolio abgeheftet.
9.	Erst im Anschluss ist eine sinnvolle Präsentations-/Ausstellungsform gefragt: • Wie kann ich die Stationen der Handlung am besten darstellen? • Welche Materialien brauche ich? • Welche Symbole/symbolischen Gegenstände könnte ich verwenden? Erstelle eine Skizze zur Darstellungsform auf Papier oder Folie!

2. | Lesebegleitende Aufgaben:

Mache dir bereits während des ersten Lesens Notizen und Randbemerkungen
- zur Hauptperson/zu den Hauptpersonen
- zu möglichen geeigneten Sachthemen
- zu offenen/ungeklärten Fragen
- zu wesentlichen Handlungsschritten/zur Handlungsfolge

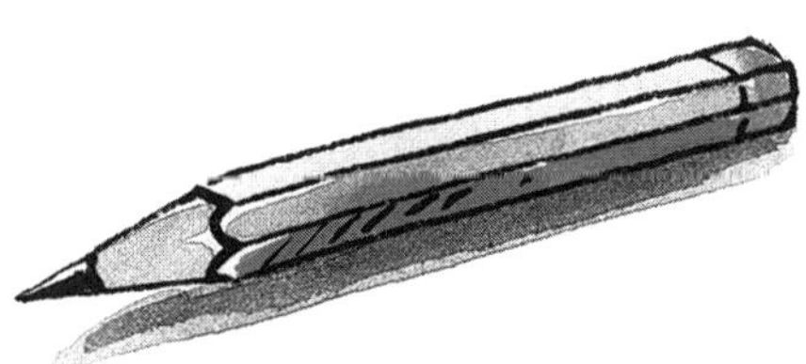

17

Ein Literaturportfolio

zum übergeordneten Themenbereich „verschiedene Erscheinungsformen von Gewalt in Jugendbüchern"

Ziel der Portfolioarbeit ist es, die Ergebnisse der Pflichtaufgaben in Form einer Ausstellung zu veröffentlichen. So soll am Ende ein Ausstellungsrundgang zu den verschiedenen Jugendbüchern und deren sachlichem Hintergrund möglich sein. Die Form des Ausstellungsbeitrags kann im Rahmen der inhaltlichen Vorgaben frei gewählt werden.

Pflichtaufgabe 1

Stelle für die Betrachter nachvollziehbar die Hauptperson/Hauptpersonen des von dir gewählten Jugendbuches vor! Erstelle dazu einen Steckbrief und vergiss hierbei nicht, auch eine bildliche Darstellung vorzunehmen (möglich sind zum Beispiel ein fiktives Foto/Bild oder eine Zeichnung aus dem Buch). Zum Erstellen eines Steckbriefs sind folgende Elemente denkbar, natürlich nur, wenn das Buch auch Informationen darüber enthält. Gelegentlich muss auch spekuliert werden.

Aussehen	**besondere Verhaltensweisen**	**Charaktereigenschaften**
Alter (eventuell geschätzt)	**besondere Merkmale**	**familiäre Situation**

Pflichtaufgabe 2

Stelle die zur Nachvollziehbarkeit des Inhalts wichtigsten Handlungsschritte des Buches **in Wort** (= Text) und **Bild** (= zum Beispiel Zeichnung, bildhaftes Symbol, symbolischer Gegenstand) dar! Achte insbesondere auf die Qualität deiner Texte. Beschränke dich auf wirklich wesentliche Handlungsschritte!

Pflichtaufgabe 3

Stelle als realistischen Wissenshintergrund **Informationen/Fakten** zu einer der im Buch geschilderten Erscheinungsformen von Gewalt genauer dar. Suche und bearbeite dazu Sachtexte. Finde hierfür zusätzliche Informationen und Materialien, zum Beispiel in der Bücherei oder im Internet. Vergiss nicht, immer auch deine Informationsquellen mit Quellenangabe zu nennen.

Pflichtaufgabe 4

Nimm eine persönliche Bewertung des Buches vor. Ergänze diese durch eine Stellungnahme zum im Buch geschilderten Schicksal. Stelle insbesondere deine Gefühle während des Lesens dar!

Pflichtaufgabe 5

Finde für deinen Ausstellungsbeitrag ein aussagekräftiges und passendes Zitat zum Thema Gewalt.

! Tipp
Damit du keinen der in den Pflichtaufgaben geforderten Aspekte vergisst, solltest du deine Arbeitsschritte immer wieder mit der Aufgabenstellung abgleichen!

18

Hilfestellungen für die Internetrecherche zur Buchauswahl

Internet

Internetadressen für die Literaturrecherche

www.beltz.de

www.carlsen.de

www.dtv.de

www.friedenspaedagogik.de

www.fuxx-online.de

www.lesebar.uni-koeln.de

www.loewe-verlag.de

www.ravensburger.de

www.rowohlt.de

www.s-fischer.de

www.zum.de/Faecher/D/BW/gym/KJL/liste.shtml

19 Bewertungsbogen zur Fremd- und Selbstbewertung (1)

Bewerte einen der Ausstellungsbeiträge, indem du einen kritischen Abgleich der gestellten Aufgabe mit dem vorliegenden Ergebnis vornimmst. Die Zuordnung des zu bewertenden Beitrags sollte per Los vorgenommen werden. Halte deine Beobachtungen zu den einzelnen Aufgaben und Gestaltungsbereichen schriftlich fest. Notiere zunächst den Titel des Buches und den Namen des Schülers, der den Beitrag erarbeitet hat. Vergiss auch deinen eigenen Namen nicht.

1. Ziel der Portfolioarbeit ist es, die Ergebnisse der Pflichtaufgaben in Form einer Ausstellung zu veröffentlichen. So soll am Ende ein Ausstellungsrundgang zu den verschiedenen Jugendbüchern und deren sachlichem Hintergrund möglich sein. Die Form des Ausstellungsbeitrags kann im Rahmen der inhaltlichen Vorgaben frei gewählt werden.

? *Ist die Darstellungsform für eine Ausstellung geeignet? Sind die Bereiche des Ausstellungsbeitrags für den Betrachter gut lesbar/betrachtbar?*

2. Stelle für die Betrachter nachvollziehbar die Hauptperson/Hauptpersonen des von dir gewählten Jugendbuches vor! Erstelle dazu einen Steckbrief und vergiss hierbei nicht, auch eine bildliche Darstellung vorzunehmen.

? *Ist die Hauptperson nachvollziehbar vorgestellt? Kann man sich von ihr ein Bild machen? Enthält der Steckbrief alle notwendigen Angaben (Name, Alter, Aussehen, Lebenssituation, besondere Merkmale, familiäre Situation, Bild)?*

3. Stelle die zur Nachvollziehbarkeit des Inhalts wichtigsten Handlungsschritte des Buches in **Wort** (= Text) und **Bild** (= zum Beispiel Zeichnung, bildhaftes Symbol, symbolischer Gegenstand) dar! Achte insbesondere auf die Qualität deiner Texte. Beschränke dich auf wirklich wesentliche Handlungsschritte!

? *Sind die Stationen in kurzen, einzelnen Texten und dazu passenden Bildern oder Symbolen dargestellt? Kann man anhand der Texte zur Handlung die Handlung auch nachvollziehen? Die vorliegenden Texte müssen hierfür unbedingt gründlich durchgelesen werden! Sind die Texte flüssig, nachvollziehbar, grammatikalisch und orthografisch korrekt geschrieben?*

20 Bewertungsbogen zur Fremd- und Selbstbewertung (2)

4. | Stelle als realistischen Wissenshintergrund **Informationen/Fakten** zu einer der im Buch geschilderten Erscheinungsformen von Gewalt genauer dar. Suche und bearbeite dazu Sachtexte. Finde hierfür zusätzliche Informationen und Materialien, zum Beispiel in der Bücherei oder im Internet. Vergiss nicht, immer auch deine Informationsquellen mit Quellenangabe zu nennen.

> ? *Ist deutlich erkennbar, um welchen realistischen Hintergrund es sich handelt? Wurden die Informationen anschaulich/verständlich dargestellt. Ist es für den Betrachter interessant?*

5. | Nimm eine persönliche Bewertung des Buches vor. Ergänze diese durch eine Stellungnahme zum im Buch geschilderten Schicksal. Stelle insbesondere deine Gefühle während des Lesens dar!

> ? *Bekommt man einen Eindruck davon, wie dem Leser das Buch gefallen hat, was er empfunden hat? Nimmt die Stellungnahme Bezug auf die konkrete Handlung/das Thema des Buches?*

6. | Finde für deinen Ausstellungsbeitrag ein aussagekräftiges und passendes Zitat zum Thema Gewalt.

> ? *Beinhaltet der Ausstellungsbeitrag das verlangte Zitat? Scheint es zur gewählten Thematik passend? Ist das Zitat gut platziert worden?*

7. | Allgemeines:

> ?
> - *Ist der Ausstellungsbeitrag ansprechend/kreativ gestaltet (ungewöhnlicher Einfall, Besonderheiten)?*
> - *Ist der Inhalt übersichtlich dargestellt (nicht überladen)?*
> - *Sind die einzelnen Aufgabenbereiche erkennbar?*
> - *Sind ausreichend Bilder, Fotos oder Symbole vorhanden?*
> - *Sind Titel und Autor des Buches genannt?*

Im Anschluss an die Fremdbewertung wird in gleicher Weise eine Selbstbewertung vorgenommen, an die sich die Bewertung durch die Lehrerin oder den Lehrer anschließen kann.

Zur Veranschaulichung der möglicherweise ganz unterschiedlichen oder eben auch sehr ähnlichen Bewertungsergebnisse kann eine Bewertungsübersicht erstellt werden.

5.5 Literaturvorschläge

Folgende Texte zu aktuellen, empfehlenswerten Jugendbüchern können den Schülern als Hilfestellung zur Buchauswahl an die Hand gegeben werden.

Morton Rhue: Boot Camp
Ravensburger Buchverlag, 192 Seiten

In dem Buch geht es um Kinder und Jugendliche, die von ihren überforderten Eltern in Boot Camps geschickt werden, brutale Umerziehungssysteme, in denen den „missratenen Sprösslingen“ Manieren beigebracht werden sollen. Aus welchen Gründen auch immer die Jugendlichen dorthin gebracht werden, die Erziehungsberechtigten bezahlen eine Menge Geld und haben darum auch immer recht; nach der Meinung der Kinder wird nicht gefragt.

Die Hauptperson ist ein hochintelligenter Junge namens Connor, der von seinen Eltern in das Camp Lake Harmony geschickt wird, weil er die Beziehung zu seiner zehn Jahre älteren Lehrerin nicht beendet. In einer Nacht-und-Nebel-Aktion wird er gegen seinen Willen von sogenannten Transporteuren abgeholt, mit Handschellen gefesselt und nach endlosen Stunden im Auto irgendwo ans Ende der Zivilisation gebracht. Am Anfang noch von der Hoffnung beseelt, seine Eltern wollten ihn nur erschrecken und holen ihn bald wieder ab, beginnt für Connor eine Zeit der Demütigungen und Qualen. Gewalt, militärischer Drill und Erniedrigungen sind in dem Camp an der Tagesordnung. Unter solch grausamen Bedingungen soll er lernen, seine Eltern zu respektieren und zu dem Sohn zu werden, den sie sich wünschen. Ein fesselndes Buch über die Auswüchse der sogenannten „Erziehungsmethoden“ in Amerika.

David Klaas: Wenn er kommt, dann laufen wir
Arena Verlag, 325 Seiten

Fünfeinhalb Jahre lang haben Jeff und seine Eltern sich in dem ruhigen, kleinen Küstenstädtchen mühsam ein neues Leben aufgebaut – Jahre, die Jeffs Bruder Troy im Gefängnis verbracht hat. Jetzt taucht er wieder auf, ein begnadigter Mörder, dem die Eltern eine zweite Chance geben wollen. Nur Jeff glaubt keine Sekunde an den bekehrten Sünder. Ein einziger beunruhigender Blick in die Augen des verhassten Bruders sagt ihm, dass es nur eine Frage der Zeit sein kann, bis Troy erneut etwas Furchtbares tun wird – etwas, das sie alle endgültig vernichten würde. Mit wachsender Verzweiflung sieht Jeff zu, wie das dunkle Geheimnis ihn von Eltern und Freunden isoliert, während sich Troy Zug um Zug ihr Vertrauen erschleicht ... Dann verschwindet ein Mitschüler unter gewaltsamen Umständen und der Albtraum von einst kehrt zurück: die Verdächtigungen in der Nachbarschaft, das Spießrutenlaufen in der Schule, tätliche Angriffe auf die Familie. Und die schreckliche Gewissheit darüber, was Troy getan hat – und was noch kommen wird! Jeff beschließt, dem Bösen ein Ende zu machen ...

Graham Gardner: Im Schatten der Wächter
Verlag Freies Geistesleben, 200 Seiten

„Es fing mit Kleinigkeiten an. Ein Tritt in seine Fersen, als er den Flur entlanglief. Ein Schlag auf den Hinterkopf im Klassenzimmer. Ein Hieb mit dem Ellenbogen, während er sich für den Sportunterricht umzog. Er versuchte, diese Dinge nicht zu beachten, weil er glaubte, dass er es noch schlimmer machen würde, wenn er darauf reagierte. Der Pegel der Gewalt stieg an. Die Tritte wurden fester, die Schläge schmerzhafter, die Hiebe häufiger. Er wusste nicht, warum man ihn auserwählt hatte. Vielleicht, weil er allein war." Mit Elf kommt Elliot an eine neue Schule. Und bald ist er das Opfer für alle, die ihr Mütchen an Schwächeren kühlen wollen. Die Schule wird zur Hölle.

Als er die Schule erneut wechselt, nimmt er sich vor, dass ihm das nicht noch einmal passieren wird. Er wird einen neuen Elliot schaffen, einen, der cool ist, einen, den niemand verprügeln wird. Er kauft sich aus seinen Ersparnissen die richtigen Klamotten, studiert vor dem Spiegel ein unbeteiligtes Gesicht, lässt sich die Haare kurz schneiden und blond einfärben. Elliots Rechnung geht auf. Auch an der neuen Schule werden schwache Schüler gequält. Aber Elliot gilt nicht als schwach. Im Gegenteil, seine Maskerade gelingt so gut, dass ihn die Bande, die „Wächter" genannt, in ihren Reihen aufnimmt. Elliot hat gewonnen. Oder doch nicht? Denn als Mitglied muss er jetzt seinerseits andere quälen, um dazuzugehören.

Das Lernwegportfolio

Lernweg präzisieren
Lernweg bzw. Arbeitsfeld genauer beschreiben
Selbstständige Arbeitsphase
Kurzvorstellung des Lernwegs
Kurze Vorstellung des individuellen Lernvorhabens
Plenum + Beratung
Materialsichtung
Materialsichtung, Auswahl von Lernstrategien und Materialquellen
Selbstständige Arbeitsphase
Selbsteinschätzungs-phase
Selbsteinschätzung des erstellten Lernwegportfolios im Vor- oder Nachwort
Selbstständige Arbeitsphase
Abschlussberatung
Beratungsphase durch einen oder mehrere Experten
Expertenberatung
Reflexion des Lernprozesses
Reflexion des Lernprozesses und Abschluss der Portfolioarbeit
Selbstständige Arbeitsphase

6 Das Lernwegportfolio

Der Ausgangspunkt für das Lernwegportfolio sind Themenbereiche, die der Lernende vertiefen möchte, weil ein über den bisherigen Unterricht hinausgehendes Interesse besteht oder er seine Kenntnisse und Fähigkeiten festigen möchte.

6.1 Schritt 1 – Ermittlung des Vertiefungswunsches und/oder des Lernweges

Formen der schulischen Lernstandserhebung

Der Lernstand der Schülerinnen und Schüler wird von schulischer Seite üblicherweise in Form von Kurztests zur Überprüfung eines unterrichtlichen Teilgebiets, Klassenarbeiten am Ende einer Unterrichtseinheit, Zwischenstandserhebungen oder Diagnose- und Vergleichsarbeiten rückgemeldet.

Im Verlauf des Schuljahrs werden viele Themenbereiche erarbeitet. Erlerntes lässt sich aber im Regelunterricht nur bedingt in das individuelle, situative Vorwissen der Schüler einbinden und aufgrund der curricularen Vorgaben bleibt nur selten Zeit, bestimmte Inhalte weitergehend zu vertiefen.

Das Lernwegportfolio

Das Lernwegportfolio kann am Ende einer Lerneinheit oder am Schuljahresende eine Möglichkeit sein, behandelte oder nur oberflächlich thematisierte Lernstoffe nochmals selbstständig anzugehen, zu vertiefen, offene Fragen zu klären oder Weitergehendes zu entdecken. Mit diesem Lerninstrument ist in besonderem Maße eine Differenzierung möglich, auch im Hinblick auf gute und/oder besonders interessierte Schüler. Beim Einsatz nach einer Leistungsmessung bietet das Lernwegportfolio die Möglichkeit einer erweiterten Fördermaßnahme oder die Vertiefung eines Sachverhalts über das behandelte Themengebiet hinaus.

Zur Ermittlung eines möglichen Lernweges können die bereits erarbeiteten Themenfelder in Form einer Mindmap, der Strukturlegetechnik oder Ähnlichem nochmals dargestellt und wiederholt werden. Dieser Rückblick soll jenen Schülern helfen, auf das bisher Gelernte zurückzuschauen, die nicht ad hoc ein eigenes Thema benennen können. Werden die Schüler schon während der unterrichtlichen Arbeit angehalten, ihre Fragen, Ideen und Verknüpfungen zu anderen Fachbereichen zu dokumentieren, so fällt es sicher leichter, in der Rückschau einzelne Interessensgebiete zu finden und zu benennen. Einen Auftakt der Portfolioarbeit kann der Eingangs-Selbsteinschätzungsbogen bieten (siehe Seite 86).

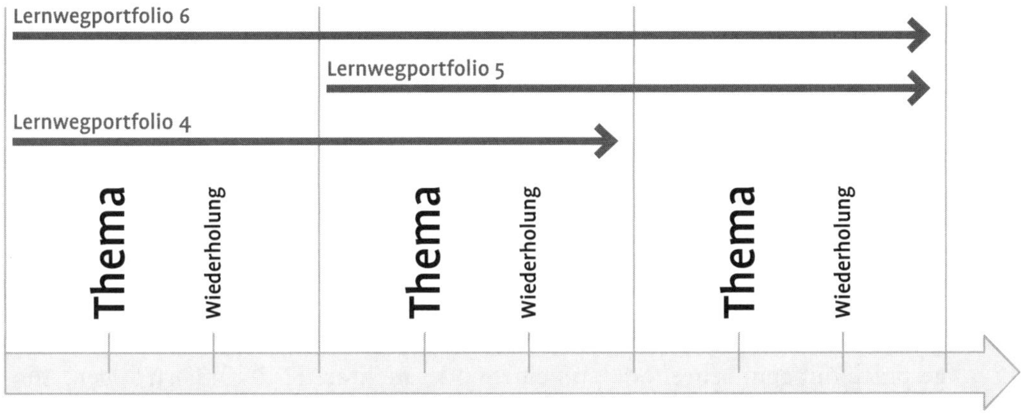

Schritt 2 – Beratung und Rückmeldung durch den Lehrenden | 6.2

Der Lernende erhält Zeit, seine Ideen und Vorstellungen zu vertiefen und eine erste Materialsichtung anzugehen. Daraus leitet er ein Themenfeld oder eine Fragestellung ab, die er dem Lehrer in einem ersten Beratungsgespräch vorstellt. Gemeinsam werden die folgenden Punkte geklärt:

Rückmeldung durch den Lehrenden

- die genaue Themenstellung/Fragestellung
- Interessensschwerpunkte des Schülers oder der Schülerin
- über die individuelle Ausgangslage mithilfe des Reflexionsbogens (Selbsteinschätzungsbogen, siehe Kopiervorlage auf Seite 86) nachdenken
- mögliche Schnittstellen zu schulischen Themen

Die Rückmeldung von Lehrerseite kann in mündlicher oder schriftlicher Form gegeben werden. Beim Selbsteinschätzungsbogen ist es wichtig, dass der Lehrer auch den lernstrategischen Bereich des Schülers anspricht und mit dem Lernenden mögliche Vorgehensweisen durchgeht.

Was aber muss der Lehrer rückmelden, damit der Schüler sein Lernfeld präzise eingrenzen und formulieren kann? Zur weiterführenden Differenzierung der einzelnen Themen- und Fragestellungen können die folgenden Leitfragen helfen:

Leitfragen zur Themenfindung

- Wie weit ist der Schüler in der Beschreibung und Formulierung seiner Themen- oder Fragestellung?
- Welche Verbindungen stellt der Lernende zu einzelnen Begriffen im Mindmap oder im Strukturlegediagramm her?
- Aus welchen verschiedenen Fachrichtungen kommen die Ideen und lassen sich diese Aspekte verbinden? Wenn ja, wie?
- Welche Lernstrategien könnten für den Lernenden wichtig sein?

Der Lehrer geht mit dem Schüler die verschiedenen Ideenfelder durch und überlegt mit ihm gemeinsam, welcher Richtung er folgen möchte.

6.3 Schritt 3 – Lernweg erkennen und benennen

Der Schüler steht nun am Anfang eines Entscheidungsprozesses, an dessen Ende die Themen- oder Fragestellung steht. Es kann ein zweites oder drittes Beratungsgespräch mit dem Lehrer oder mit einem oder mehreren Mitschülern folgen. Ausgangspunkt der Themenfindung kann ein Rückblick auf eine Einheit oder ein Schuljahr sein. Formulierungshilfen bieten die **Arbeitsaufträge für die Themenfindung zu deinem Lernwegportfolio** (siehe Kopiervorlagen auf Seite 87 bis 95) mit dessen Hilfe der Lernende sein eigenes Themengebiet und den dazugehörigen individuellen Lernweg finden und beschreiben kann.

6.4 Schritt 4 – Lernvorhaben beziehungsweise Arbeitsfeld beschreiben

Der Schüler versucht, auf der Grundlage seiner eigenen Vorstellungen und den Rückmeldungen aus den Beratungsgesprächen sein Lernvorhaben beziehungsweise Arbeitsfeld genauer zu beschreiben. Dabei geht es um die Benennung der Leitidee, der der Lernende mit seinem Lernwegportfolio nachgehen möchte. Der Schüler sollte dabei von seinem vorhandenen Vorwissen ausgehen, das er wie eine „Lerninsel" näher erkundet und dabei viel Neues erfährt oder sich auf die Suche nach neuen Inseln macht, um sie mit seiner eigenen zu verbinden. Bei der Formulierung der eigentlichen Themenstellung kann sich der Schüler immer wieder Rat bei seinen Mitschülern einholen. Sie geben ihm Rückmeldungen, ob und wie sie die Gedanken und Ausführungen des Autors verstehen.

6.5 Schritt 5 – Vorstellen und erklären des Lernvorhabens (Kurzvorstellung)

Jede Schülerin und jeder Schüler stellt ihre/seine Leitidee und das damit verbundene Vorhaben der Klasse vor und geht so eine gewisse erste Arbeitsverbindlichkeit ein (siehe Vorlagen Sprechblatt im Veröffentlichungs- oder Präsentationsportfolio auf Seite 46).

In einer kurzen Vorstellungsrunde (Blitzlicht) wird das Plenum in die Themenstellung und das Vorhaben eingeführt. Im Anschluss an die Vorstellung kann nochmals eine Rückmeldung oder Beratung gegeben werden.

Schritt 6 – Auswahl von Materialquellen und Lernstrategien | 6.6

Ausgehend vom eigenen Vorhaben macht sich der Schüler in seinen bereits vorhandenen Unterrichtsmaterialien (Heft, Ordner, Schulbuch, Grammatik, Formelsammlung, Vokabelheft, Sammlung von Lernstrategien) auf die Suche nach verwendbaren Vorlagen, Hilfsmitteln und Büchern. Diese bilden den Ausgangspunkt für seine Portfolioarbeit. Dabei kann er in drei Schritten vorgehen:

1. Überprüfung der Materialvorlagen auf Vollständigkeit
2. Sichtung des Materials im Hinblick auf den eigenen Lernweg
3. Suche nach neuen Lernwegen und Informationsquellen

Schritt 7 – Strukturierung des vorhandenen Lernmaterials | 6.7

Einen wichtigen Aspekt stellen die individuellen Voraussetzungen, das Vorwissen und die bereits vorliegenden Materialien dar. Bevor mit der eigentlichen Erarbeitung begonnen wird, gilt es, dem Vorhandenen eine Struktur zu geben, sodass es eine Basis für die Weiterarbeit sein kann. Diese kann ebenfalls mit der Mindmap oder Strukturlegetechnik gelegt werden. So kann der Lernende eine Auswahl an Materialien treffen, die er für seine Weiterarbeit benötigt oder nicht. Das Lernwegportfolio kann einer Gliederung in theoretische Sachverhalte (zum Beispiel Regelhaftigkeiten bestimmter Phänomene) und praktische Anwendungsaspekte folgen. Arbeitet der Lernende mit Übungsaufgaben, gilt es, zu prüfen, zu welchen Anwendungsbeispielen ihm zuverlässige Lösungen vorliegen, welche Lösungsmatrizen er noch erarbeiten muss und welche vorhanden sind.

Bei der Suche nach Übungs- oder Ergänzungsmaterial für seine Fragestellung kann der Lernende sowohl auf seine Mitschüler und Mitschülerinnen (zum Beispiel mit gut sortierten Unterlagen oder praktischen Ratschlägen) als auch auf den Lehrer zurückgreifen, die so in diesen Arbeitsprozess mit einbezogen werden können. Alle bearbeiteten Arbeitsblätter und angelegten Materialien werden im Portfolio abgelegt.

6.8 Schritt 8 – Er- und Überarbeitung

Der Schüler macht sich nun an die eigentliche Arbeit am Lernwegportfolio. Auf der Basis seiner bisherigen Vorarbeiten sucht er gezielt nach Ergänzungs- und Erweiterungsmaterial, das er auf seine Fragestellung hin auswählt und einarbeitet. Zudem kann er Beispiele suchen (Experimente, Beispiele für eine Regel, Anschauungsmaterial) oder selbst Beispiele erarbeiten, die seinen Lernweg sinnvoll begleiten und veranschaulichen. In dieser Arbeitsphase ist es sinnvoll, dass der Schüler sich immer wieder beraten lässt.

Zu seinem Lernweg soll der Schüler zum Abschluss ein groß angelegtes Lernplakat, eine Mindmap, einen kreativen Merksatz oder eine Eselsbrücke gestalten. Im Rahmen einer Ausstellung werden diese Lernplakate auch anderen Schülern zugänglich gemacht.

6.9 Schritt 9 – Gewonnene Informationen nutzen

Der Schüler hat sich nun ein Informationsfundament geschaffen, auf dessen Hintergrund er dann Anwendungsfelder für das erworbene Wissen sucht und die Informationen gezielt einsetzt. Dies können beispielsweise themenbezogene Übungen, Aufgabenstellungen oder Experimente sein. Anschließend werden die Aufgaben mithilfe von Lösungsheften, Schulbüchern oder Textauszügen überprüft und gegebenenfalls überarbeitet. Der Schüler erhält daraufhin eine Beratung.

6.10 Schritt 10 – Lern- und Lösungsstrategie ausweisen

In seinen erarbeiteten Portfoliomaterialien begibt sich der Schüler nun rückblickend auf die Suche nach seiner individuellen Lern- oder Lösungsstrategie, die sein Lernwegportfolio auszeichnet. Dazu ist zunächst wichtig, herauszufinden, wie er vorgegangen ist und welche thematischen Schwerpunkte er zur Beantwortung seiner Fragen- oder Themenstellung gewählt hat.

Wichtige Hinweise kann er sich hierbei von seinen Beraterteams geben lassen. Hierzu kann der Schüler das Formblatt **„Rückmeldebogen zu meinem Lernwegportfolio“** (siehe Kopiervorlage auf Seite 93) ausfüllen.

Schritt 11 – Selbsteinschätzung | 6.11

Der Schüler soll in einer ehrlichen Selbsteinschätzung sein Votum abgeben, was ihm in seinem Lernwegportfolio gelungen ist und was weniger gut gelungen ist und welche Gründe es dafür gibt.

Welche Rückmeldungen bekam der Lernende und wie gut ist es ihm gelungen, diese in seine Produkte einzuarbeiten? Wie schätzt er sein Lernwegportfolio abschließend ein? (**Abschluss-Selbsteinschätzungsbogen** siehe Kopiervorlage auf Seite 94). Der Lehrer geht beide Bögen mit dem Schüler gemeinsam durch.

Schritt 12 – Abschlussberatung durch einen Experten | 6.12

In der Abschlussberatung sucht sich der Lernende einen Experten (etwa den Lehrer oder einen Berater), dem er sein Lernwegportfolio vorlegt. Gemeinsam wird das Lernwegportfolio angeschaut und der Experte gibt eine Rückmeldung zu den Einlagen. Er sollte im Blick haben, ob die Themen- oder Fragestellung beantwortet werden konnte und inwieweit die Rückmeldungen der Beratungen Lernende-Lernende und Lehrende-Lernende zur Weiterentwicklung der Beiträge beigetragen haben. Etwaige Fehler oder Unklarheiten spricht er an und trägt zur Richtigstellung bei.

Schritt 13 – Reflexion des Lernverlaufs | 6.13

Im letzten Schritt folgt die Reflexion des Lernprozesses, der anhand des Selbstreflexionsbogens vorgenommen werden kann. Der Schüler wendet sich dabei der Reflexion seines Er- und Überarbeitungsprozesses zu. Dies kann auch in Form eines Vor- und/oder Nachwortes für sein Lernwegportfolio geschehen. In dieser textgebundenen Reflexion klärt er, welche Arbeiten, Texte, Übungen oder Aufgaben er in sein Portfolio aufgenommen hat, was ihm auf seinem Lernweg besonders gut und was nicht so gut gelungen ist und wie sich der Lernverlauf gestaltete.

21 Eingangs-Selbsteinschätzungsbogen

1. | Wie selbstständig arbeite ich bislang an mir gestellten Aufgaben?

- ○ sehr selbstständig und ganz ohne Hilfe
- ○ selbstständig, ohne Hilfe
- ○ selbstständig, manchmal mit Hilfestellung
- ○ nicht sehr selbstständig, meist mit Hilfe

2. | Auf welche Unterstützung beim Anlegen meines Portfolios kann ich zurückgreifen?

- ○ Meine Eltern können mir helfen
- ○ mein/e Lehrer/in kann mir helfen
- ○ ein/e Mitschüler/in kann mir helfen
- ○ meine Geschwister können mir helfen
- ○ diese Experten könnten mir helfen:

3. | Auf welche Hilfsmittel kann ich bei der Portfolioarbeit zurückgreifen?

Materialien:

- ○ Schulbücher, Formelsammlung, Atlas
- ○ Lexika, Fachbücher, Zeitschriften
- ○ bereitgestelltes Material (vom Lehrer)
- ○ Unterrichtsmaterial (Hefte, Ordner)
- ○ Internetseiten

Lernorte:

- ○ Schule
- ○ Bücherei, Bibliothek
- ○ Leseecke
- ○ Computerraum

4. | Wie groß schätze ich meinen Anteil an eigenen Ideen zur Lösung oder Umsetzung von Aufgaben ein?

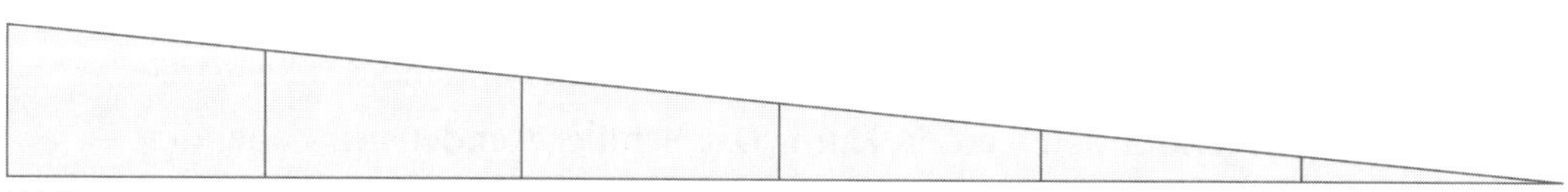

5. | Auf welche der aufgeführten Arbeitsmethoden und Lernstrategien habe ich bislang zurückgegriffen?

22

Arbeitsvorschläge

für die Themenfindung zu deinem Lernwegportfolio (1)

Deine Aufgabe ist es, ein interessantes Thema aus den unterschiedlichsten Gebieten deiner Vorlieben zu finden. Es kann sich aus einem bestimmten Unterrichtsfach ableiten, bei dem im Laufe des Schuljahres vielleicht ...

- Fragen offen geblieben sind,
- Grundsätzliches unverstanden geblieben ist,
- einige Aspekte unklar waren,
- du deinen Lernstand vertiefen und verbessern möchtest oder
- dein besonderes Interesse bislang im Unterricht unberücksichtigt blieb.

Folgende Überlegungen können dir bei der Suche behilflich sein:

1. | Welche Themen habt ihr in diesem Schuljahr behandelt?

2. | Gab es Themengebiete, die dich besonders interessiert haben?

3. | Schau noch einmal deine Hefte und Unterlagen nach möglichen interessanten Themen durch und erstelle dazu eine Liste.

4. | Welche Fragestellungen ergeben sich für dich? Was möchtest du gerne untersuchen, klären oder erforschen?

23 Arbeitsvorschläge

für die Themenfindung zu deinem Lernwegportfolio (2)

Arbeitsvorschlag 1

Suche alle interessanten Materialien und Unterlagen aus dem Unterricht zusammen und untersuche sie nach Themengebieten oder offenen Fragestellungen. Denke dabei auch an die Bereiche, die dir nicht besonders lagen oder dir weniger gut gefallen haben. Klebe auf jeden der Aufschriebe einen Post-it-Zettel, auf dem du vermerkst, welche Fragestellung du damit verbindest.
Trage dieselben Bereiche zusätzlich in die folgende Liste ein.

Mögliche unterrichtliche Themen	Fragestellungen zu den einzelnen Themen	Welche Themengebiete sind damit verbunden?
z. B. der Biber, das Present Perfect, die Bildung von Wolken in der Atmosphäre, gleichschenklige Dreiecke	Wann verwendet man das Present Perfect und wann das Simple Past?	z. B. die Tierwelt im Wasser, der Gebrauch der Zeiten im Englischen, die Klimaerwärmung, geometrische Figuren im Alltag

Arbeitsvorschlag 2

Mache dir darüber Gedanken, ob du im Laufe des Schuljahres in und außerhalb der Schule auf ein Themengebiet gestoßen bist, das du gerne vertiefen möchtest.
Liste deine verschiedenen Interessensgebiete hier auf.

Diese Themen haben mein Interesse besonders geweckt.	Was interessiert mich daran? Welche Fragen habe ich dazu?	Wer könnte mir bei der Bearbeitung helfen, falls ich Probleme bekomme?	Welche Lernstrategien möchte ich gerne bei der Bearbeitung einsetzen?

24

Arbeitsvorschläge

für die Themenfindung zu deinem Lernwegportfolio (3)

Arbeitsvorschlag 3

Wähle eines der herausgearbeiteten Felder aus, an denen du im Laufe der Arbeit mit dem Lernwegportfolio nochmals wiederholend oder vertiefend arbeiten möchtest. Nimm die Möglichkeit zur Beratung durch deinen Lehrer/deine Lehrerin in Anspruch und gehe die von dir ausgefüllten Tabellen mit ihm/ihr durch. Kommt ihr auf eine Fragestellung für dein Lernwegportfolio? Besprecht, ob deine Wahl sinnvoll und machbar ist. Auf diese Einschätzung konnten wir uns einigen:

____

____

Arbeitsvorschlag 4

Lege nun ein Arbeitsfeld für dein Lernwegportfolio fest und stelle es deinen Klassenkameraden im Blitzlicht vor. Wichtig dabei ist, dass dir und deinen Zuhörern klar ist, woran du arbeiten willst, was du genau vorhast und wie du vorgehen willst.

Arbeitsvorschlag 5

Falls dein Arbeitsfeld für das Lernwegportfolio aus einem Unterrichtsthema abgeleitet ist, hast du sicher im Verlauf des Unterrichts/Schuljahres einige Materialien dazu bekommen. Suche diese Materialien in deinen Unterlagen und trage sie zusammen. Achte dabei zum Beispiel auf Heftaufschriebe, Arbeitsblätter, Merksätze im Schulbuch, Grammatikhefteinträge, Formelsammlung, Vokabelheft, Sammlung von Lerntechniken oder Merkstrategien. Falls dein Arbeitsfeld nicht aus einem Unterrichtsthema abgeleitet ist, mache dich auf die Suche nach Informationen, Materialien und Büchern. Bringe deine Fachbücher oder -literatur von zu Hause mit.

Arbeitsvorschlag 6

Überprüfe die Unterlagen anschließend auf deine Fragestellung hin und wähle sinnvolle Informationen aus. Sicher kann dir dein Beraterteam bei der Auswahl helfen oder dir eine Rückmeldung geben.

25

Arbeitsvorschläge

für die Themenfindung zu deinem Lernwegportfolio (4)

Arbeitsvorschlag 7

Suche nun zusätzlich in anderen Schul- oder Fachbüchern, im Internet oder in Nachschlagewerken nach weiteren Informationen zu deiner Fragestellung. Sortiere und/oder übertrage die vorhandenen (Unterrichts-)Materialien im Lernwegportfolio dann auf deine Fragestellung bezogen neu. Bearbeitest du ein Thema, bei dem man Theorie und Praxis unterscheiden könnte (Theorie: Aufbau einer grammatikalischen Struktur, zum Beispiel Bildung des Imperativs plus ein Anwendungsbeispiel; Praxis: Aufgaben, bei denen der Imperativ angewendet werden muss), wäre es denkbar, die Unterlagen in folgende Bereiche zu unterteilen:

Theorie plus Beispiel (zum Beispiel Merksätze, Formeln, Informationsseiten) und **Praxis** (zum Beispiel bereits im Unterricht erledigte oder zusätzliche Übungsaufgaben, die möglicherweise noch unerledigt vorliegen).

Für anders gelagerte Themenbereiche müssen andere Gliederungen gefunden werden. Bei allen Materialien, die du nicht ohne Weiteres aus deinen Fach- und Schulunterlagen entnehmen kannst, musst du die Textstellen oder Aufschriebe nochmals ordentlich abschreiben beziehungsweise übertragen, sodass sie im Portfolio eingeheftet werden können. Wenn es sich um Aufgaben aus dem Schul- oder Fachbuch handelt, gib auch den Fundort und die entsprechende Seitenzahl an.

Arbeitsvorschlag 8

Überprüfe, zu welchen Aufgaben oder Fragestellungen dir bereits zuverlässig richtige Materialien, Übungen oder Ergebnisse vorliegen. Woher beziehungsweise von wem könntest du die fehlenden Ergebnisse oder Informationen bekommen? Suche dir einen Fachexperten oder erkundige dich bei deinen Mitschülern/deiner Lehrerin/deinem Lehrer.

Arbeitsvorschlag 9

Lies oder arbeite die vorhandenen Informationen beziehungsweise den Theorieteil gründlich durch und überprüfe, ob die Vorgaben für dich nachvollziehbar und einleuchtend sind.

- Unterstreiche entscheidende Schlüsselbegriffe,
- schreibe wichtige Formeln oder Zusammenhänge auf Karteikarten zusammen,
- fertige Skizzen, Grafiken oder Zeichnungen an und
- arbeite zur Verdeutlichung des Inhalts mit Symbolen oder Randnotizen.

Falls nicht, schaue dich nach alternativen Informationsquellen um (zum Beispiel weitere Schulbücher, Grammatiken, Fachbücher, Lexika, Internetseiten) und finde heraus, ob dir der Zusammenhang dort deutlicher dargestellt wird. Hefte gegebenenfalls die ergänzten Materialien in dein Portfolio ab.

26

Arbeitsvorschläge

für die Themenfindung zu deinem Lernwegportfolio (5)

Arbeitsvorschlag 10

Formuliere die wesentlichen Aspekte deines Themas in eigenen Worten.
Lege die Texte gegebenenfalls zur Lernberatung vor.

Arbeitsvorschlag 11

Welche Lernstrategie oder Merktechnik könntest du anwenden, um die wesentlichen Fakten deines Arbeitsbereichs möglichst sicher und lang anhaltend behalten zu können? Wähle eine oder mehrere Möglichkeiten aus und wende sie auf deinen Inhalt an. Denkbar sind hier unter anderem:

Arbeitsvorschlag 12

Gestalte zum Informationsteil deines Arbeitsbereichs ein übersichtliches Lernplakat, das neben den entscheidenden Fakten auch ein nachvollziehbares Anwendungsbeispiel enthalten kann. Wenn dir die Ansprüche an ein Lernplakat nicht (mehr) geläufig sind, lies diese nochmals nach. Dein so entstandenes Lernplakat wird anschließend im Klassenzimmer ausgehängt und von deinen Mitschülern auf seine Nachvollziehbarkeit untersucht.

Arbeitsvorschlag 13

Nimm am Ausstellungsrundgang durch die unterschiedlichen Arbeitsgebiete (Lernplakate) deiner Klassenkameraden teil und achte beim Durchlesen auf folgende Punkte:

- Ist das Lernplakat übersichtlich gestaltet und nicht überfrachtet?
- Ist erkennbar, um welches Themengebiet es sich handelt?
- Sind die verschiedenen Themenbereiche, zum Beispiel der Informationsteil vom Anwendungsbeispiel, unterscheidbar?
- Kannst du den beschriebenen Sachverhalt nachvollziehen?
- Ist das gewählte Anwendungsbeispiel sinnvoll und verständlich?

Kommentiere mithilfe eines Klebezettels (Post-it), den du unter das Plakat klebst, wenn dir Ungereimtheiten auffallen.

27

Arbeitsvorschläge

für die Themenfindung zu deinem Lernwegportfolio (6)

Arbeitsvorschlag 14

Falls du ein Themenfeld aus dem Unterricht gewählt hast, kannst du dir die Anwendungsaufgaben vornehmen, die im Verlauf des Unterrichts bereits behandelt wurden und sie nochmals bearbeiten, jedoch ohne auf die Lösungen zu schauen. Unterstreiche bei jeder Aufgabenstellung die wesentlichen Aspekte und schreibe dann in eigenen Worten dazu, wie du vorgehen musst/wirst. So kann bei der Aufgabe „Fill in the verbs in the correct tenses" die Lösungsstrategie lauten: Hier muss man die Verben in der richtigen Zeitform einsetzen. Dazu muss man in den Sätzen auf Signalwörter achten und diese am besten unterstreichen.

Falls du ein eigenes Interessensgebiet bearbeitest, formuliere mindestens sechs Fragestellungen, die deiner Meinung nach für das von dir bearbeitete Themengebiet entscheidend sind, beispielsweise Fragestellungen, die Ausgangspunkt deiner Themenwahl waren. Beantworte die Fragen mithilfe der gesammelten Informationen schriftlich, indem du kurze Informationstexte schreibst.

Arbeitsvorschlag 15

Kontrolliere die Aufgaben oder Antworten mithilfe ehemaliger Aufschriebe, einem Lösungsheft, den Unterlagen eines Mitschülers oder Textauszügen und lege deine Ergebnisse zusätzlich deinem Lehrer oder deiner Lehrerin vor. Bei einem selbst gewählten Themengebiet ist es nun wichtig, die eigenen Texte immer wieder auf deine Fragestellung(en) hin zu überarbeiten.

Arbeitsvorschlag 16

Lege deine Texte zu deinem selbst gewählten Thema einem Mitschüler oder mehreren in einer Beratung Lernende-Lernende vor und lass dir eine genaue Rückmeldung geben.

Arbeitsvorschlag 17

Nimm dir das Blatt auf dem die formalen Kriterien zu den Portfolioeinlagen (siehe Kopiervorlage auf Seite 36) aufgeführt sind, vor und überprüfe, ob dein Portfolio alle aufgeführten Punkte erfüllt.

Lernwegportfolio

28

Rückmelde- und Selbsteinschätzungsbogen

zu meinem Lernwegportfolio

Thema ______________________

1. | Dieses Themengebiet habe ich bearbeitet ______________________
2. | Leicht fiel mir die Erarbeitung von/schwer fiel mir ______________________
3. | Besonders viel Zeit musste ich mir nehmen für ______________________
   und zum Erarbeiten von ______________________
4. | Unklar war mir zu Beginn der Arbeit ______________________
   ____
5. | Um die Fragestellungen zu bewältigen, musste ich folgendermaßen vorgehen ______________________
   ____
6. | Folgendes habe ich meiner Ansicht nach gelernt ______________________
   ____
7. | Das würde ich, wenn ich das Thema nochmals bearbeiten würde, anders machen ______________________
   ____
8. | Diese Fehler sind noch aufgetreten ______________________
   ____
9. | Folgende Lernstrategie/n hat/haben sich aus meiner Sicht bewährt ______________________
   ____

______________________	______________________	______________________
Datum	Unterschrift Lehrer/in	Unterschrift Schüler/in

29 | Abschluss-Selbsteinschätzungsbogen (1)

1. | a) Wie selbstständig bin ich vorgegangen und wie sehr war ich auf Hilfestellungen angewiesen?

Ich war …

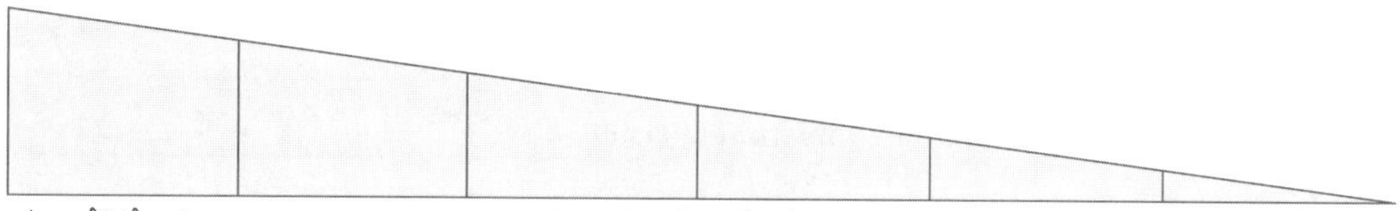

sehr auf Hilfestellungen angewiesen (100 %) | hin und wieder auf Hilfestellungen angewiesen (50 %) | gar nicht auf Hilfestellungen angewiesen

b) Wie gut konnte ich mein Arbeitsvorhaben umsetzen?

Ich konnte …

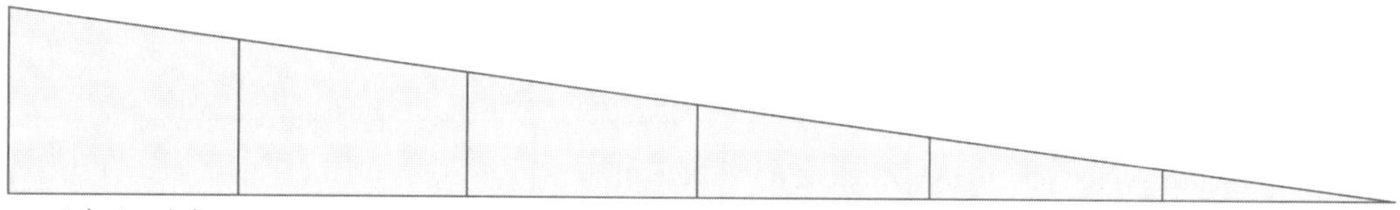

mein Arbeitsvorhaben gar nicht umsetzen (100 %) | es ganz ordentlich umsetzen (50 %) | mein Arbeitsvorhaben sehr gut umsetzen

2. | Auf welche Unterstützung beim Anlegen meines Portfolios habe ich zurückgegriffen?

Personen – Schüler, Eltern, Experten | **Materialien** – Bücher, Internet | **Lernorte** – Schule, Bibliothek, Computerräume

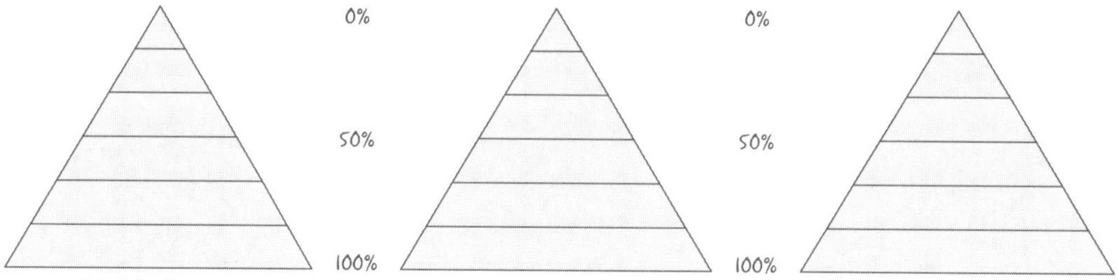

Anteil der Personen | verwendete Materialien | Häufigkeit der aufgesuchten Lernorte

30 Abschluss-Selbsteinschätzungsbogen (2)

3. | Wie hoch schätze ich den Anteil an neu gewonnenen Erkenntnissen im Themenbereich ein?

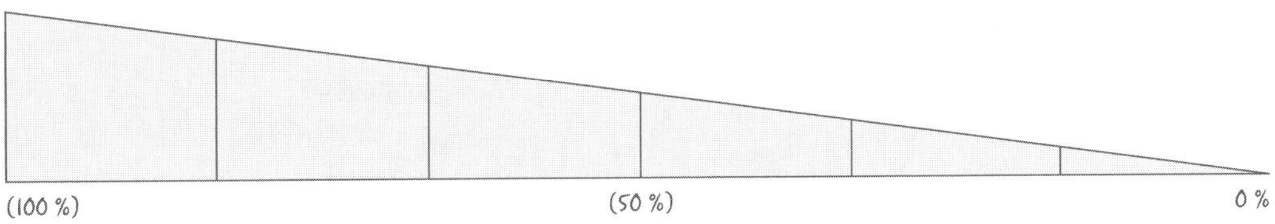

4. | Welche der aufgeführten Arbeitsmethoden und Lernstrategien habe ich während der Anfertigung meines Portfolios eingesetzt?

Arbeitsvorschlag

In der Abschlussberatung suchst du dir einen Berater oder eine Beraterin, dem oder der du dein Lernwegportfolio vorstellst, indem du schilderst, wie du deine Fragestellung beantwortet oder dein Können/Wissen erweitert hast. Eine Hilfestellung kann dir der Rückmeldebogen auf Seite 93 geben.

Das Talent- oder Bewerbungsportfolio

Arbeitsrahmen festlegen
Pflichtaufgaben und Freiarbeitsteil
Plenum
Talentsuche
Sichtung des vorhandenen Materials
Selbstständige Arbeitsphase + Beratung
Pflichtaufgaben-pool
Arbeiten an ausgewählten Pflichtaufgaben
Selbstständige Arbeitsphase
Peerberatung
Beratung durch die Mitschülerinnen und Mitschüler
Beratung Lernende-Lernende
Arbeitsphase
Erarbeitung eines Vortrags „Werbung in eigener Sache“
Selbstständige Arbeitsphase
Talentvortrag
Vorstellung der eigenen Person und Talente in einem Kurzvortrag
Vortrag im Plenum + Rückmeldung
Reflexion der Arbeit
In einem Resümee reflektiert und bilanziert der Autor seine Arbeit
Selbstständige Arbeitsphase
Mögliche Fortführung
Das Talentportfolio als Ausgangspunkt für die Weiterarbeit
Selbstständige Arbeitsphase
Bewerbungs-portfolio
Die Basis dazu bietet der Fundus eines Talentportfolios

7 Das Talent- oder Bewerbungsportfolio

Das Hauptanliegen der Arbeit mit beziehungsweise an einem Talentportfolio ist es, den Blick auf Geleistetes zu lenken. Im Idealfall werden Schülerinnen und Schüler im Laufe ihrer Schulzeit immer wieder angehalten, besonders gelungene Werke aus allen schulischen und außerschulischen Bereichen aufzuheben oder gegebenenfalls als Fotodokument aufzubewahren (zum Beispiel Werkstücke aus dem Technikunterricht, Bilder oder Werke aus dem Kunstunterricht, Poster, Plakate und Texte). Gleichermaßen gehören in die so angelegte Sammlung Kompetenznachweise aller Art wie aus dem Bereich der Arbeitstechniken (Lernen lernen), Praktikumsnachweise, Nachweise über die gelungene Durchführung von Projekten oder die Teilnahme an Arbeitsgemeinschaften. Dies kann jedoch nicht ohne gezielte Anleitung oder weitsichtige Planung durch die Schule erfolgen. Im Hinblick auf die spätere Verwendung und den Nutzen im Themenbereich Bewerbung muss bereits im Schulprofil eine derartige Sammlung vorgesehen sein. Gleichermaßen kann das Wissen um eine spätere Weiterverwertung der in der Schule erstellten Produkte die diesbezüglichen Aufgabenstellungen beeinflussen. Es kann jedoch nicht davon ausgegangen werden, dass Schüler eigeninitiativ über einen so langen Zeitraum hinweg ein sinnvolles Sammeln durchhalten. Gerade im Bereich der Fotodokumentation können und sollten die Materialien auch in der Schule abgelegt sein. Im Zeitalter der digitalen Medien muss nicht unbedingt immer das Originalprodukt aufbewahrt werden.

Erreichtes während oder am Ende eines Schuljahres zu betonen, dient der lang anhaltenden Motivation und der positiven Verstärkung. So lernen die Schülerinnen und Schüler von Anfang an, ihren eigenen Arbeiten positiv gegenüberzustehen und sie in der Summe aller ihrer Arbeiten einzuschätzen. Für den Lernenden wird so immer wieder der Prozess des Lernens als nicht abgeschlossen deutlich gemacht. Wünschenswert wäre es, wenn der Reflexion und Rückschau auf das im Schuljahr Geleistete sowie dessen Dokumentation am Schuljahresende ausreichend Zeit eingeräumt würde. Dies kann fächerübergreifend angelegt sein. Entstehen kann so ein Dokumentationsritual, das wiederum den Erwerb weiterer Kompetenzen, zum Beispiel im Bereich der digitalen Bildbearbeitung oder anderer Dokumentationsmöglichkeiten, mit sich bringt. Werkstücke oder andere

Produkte, die fotografiert wurden, können an dieser Stelle sinnvoll mit Untertiteln, Materiallisten, Versuchsprotokollen, Produktbeschreibungen oder Entstehungsprozessberichten versehen werden.

Möglicher Verlauf für ein Talentportfolio | 7.1

Die genauen Arbeitsvorschläge in diesem Teil sollen den Lehrenden und Lernenden helfen, ihre einzelnen Arbeitsphasen selbst zu strukturieren. Sie sind als Ideenpool gedacht, aus dem Lehrer und Schüler bei der Besprechung des Portfolioverlaufs gemeinsam auswählen und so ihren ganz individuellen Verlauf entwerfen und durchführen können. Der zeitliche Rahmen ist aus diesem Grund bewusst offen gelassen.

„Werbung in eigener Sache“ – Ein Talentportfolio entsteht

1. Plenum:
Gemeinsamer unterrichtlicher Einstieg – Mindmap zum Thema Werben

Die Schüler werden motiviert, sich zu überlegen, welche Kenntnisse und Vorgehensweisen nötig sind, um für ein Produkt X werben zu können. Dazu soll eine Mindmap entstehen.

Die erarbeiteten Werbestrategien und die Mindmap werden später im Portfolio abgelegt.

2. Gruppenarbeit:
Werbestrategieentwicklung

Aufgabe: Die Lernenden sollen eine Werbestrategie zu einem Produkt X entwickeln, das sie aber nicht nennen. Dabei gehen sie wie eine Werbeagentur vor und notieren zunächst, welche Schritte zum Entwerfen einer solchen Strategie nötig sind. Dabei sollen die Schülerinnen und Schüler folgende Punkte berücksichtigen:

- Marktanalyse (Anforderungen, die ein potenzieller Käufer an ein Produkt stellt)
- Kosten-Nutzen-Rechnung
- Design
- Werbeslogan
- Entwicklungsgeschichte
- Fokussierung einzelner Stärken
- Welche Schwächen sollen in den Hintergrund treten?
- Welche gar verschwiegen werden?
- Bestmögliche optische Darstellung und Präsentation

3. Plenum:
Vorstellen der Idee eines Talentportfolios durch den Lehrer/die Lehrerin

- Längerfristiges Sammeln besonders gelungener Arbeiten oder Produkte und der dazugehörigen Beschreibung der Vorgehensweise, oder alternativ: Suche nach noch nicht als Sammlung vorliegenden Produkten, Startpunkt für eine derartige Sammlung
- Schulische Arbeiten aus verschiedenen Fachbereichen (nicht nur vermeintliche Lieblingsfächer)
- Außerschulische Nachweise besonderer Aktivitäten und den daraus erworbenen Kompetenzen (zum Beispiel VHS-Kurse, Arbeitsgemeinschaften oder Lehrgänge)
- Rückblick auf frühere Leistungen
- „Spuren-Suche" – Talente aufspüren
- Unabhängig vom Berufswunsch, noch nicht bewerbungsorientiert sammeln

4. Plenum:
Formale Kriterien besprechen und festlegen

Das Arbeitsblatt auf Seite 36 kann hierfür eingesetzt werden.

5. Einzelarbeit:
Bearbeitung der Pflichtaufgaben/Arbeitsanweisungen

Hier können die Schülerinnen und Schüler den eigenen Aktionsradius abstecken.

Arbeitsvorschläge

„Werbung in eigener Sache“ – Ein Talentportfolio entsteht (1)

Arbeitsvorschlag 1 (in Einzelarbeit)

Fülle das nachfolgende Arbeitsblatt sorgfältig aus.

Unterrichtsfach	**Produkte, Produktbeschreibung und Beschreibung der Vorgehensweise** Im Kontext des Fachs angefertigte Produkte, zum Beispiel Heftaufschriebe, Referate, Präsentationen, praktische Arbeiten, Klassenarbeiten	**Verfügbarkeit** Habe ich das Produkt oder ein Foto davon aufbewahrt? Ist das Produkt selbst noch zugänglich?	**Produkteinstufung** Hat jemand außer mir das Produkt eingeschätzt?	**Produkteinschätzung** Wie schätze ich das Produkt ein? Wie hat ein Außenstehender das Produkt bewertet?
		○ ja ○ nein	○ ja ○ nein	○ besonders gelungen ○ gelungen ○ akzeptabel ○ nicht vorzeigbar
		○ ja ○ nein	○ ja ○ nein	○ besonders gelungen ○ gelungen ○ akzeptabel ○ nicht vorzeigbar
		○ ja ○ nein	○ ja ○ nein	○ besonders gelungen ○ gelungen ○ akzeptabel ○ nicht vorzeigbar
		○ ja ○ nein	○ ja ○ nein	○ besonders gelungen ○ gelungen ○ akzeptabel ○ nicht vorzeigbar
		○ ja ○ nein	○ ja ○ nein	○ besonders gelungen ○ gelungen ○ akzeptabel ○ nicht vorzeigbar
		○ ja ○ nein	○ ja ○ nein	○ besonders gelungen ○ gelungen ○ akzeptabel ○ nicht vorzeigbar

32

Arbeitsvorschläge

„Werbung in eigener Sache" – Ein Talentportfolio entsteht (2)

Arbeitsvorschlag 2 (in Einzelarbeit)

Beantworte die folgenden Fragen in vollständigen Sätzen.

1. In welchen Bereichen deiner Klassen- oder Schulgemeinschaft hast du dich besonders engagiert? Es können hier auch einmalige Einsätze genannt werden, zum Beispiel
   - Übernahme des Amts des Klassensprechers
   - Engagement während einer SMV-Aktion
   - Betreuung des Schulgartens
   - Übernahme eines Dienstes in der Klasse (Ordnungsdienst, Tafeldienst, Tagebuchdienst)
   - Leitung einer Arbeitsgemeinschaft
   - Engagierte Teilnahme an einer Arbeitsgemeinschaft
   - Hausaufgabenhilfe
   - Versorgung eines kranken Mitschülers mit den versäumten Hausaufgaben und Unterrichtsmaterialien
   - Hilfestellung für Mitschüler beim Vorbereiten auf eine Klassenarbeit
   - Vermittlung zwischen streitenden Mitschülern
   - Trösten eines traurigen Mitschülers

2. Welche Aufgaben und Funktionen hast du dabei ganz konkret übernommen? Beschreibe wenn möglich die entsprechende Situation.

3. Bist du Mitglied in einem Verein, einer Arbeitsgruppe oder einer Organisation?
   - Wenn ja, in welchem/welcher und seit wann?
   - Was wird dort gemacht?
   - Welche (zusätzlichen) Aufgaben übernimmst du dort?
   - Könnte deine Arbeit als ehrenamtlich eingestuft werden?
   - Welche Fähigkeiten setzt du für diese Aufgaben ein?
   - Hast du einen Nachweis über deine Mitgliedschaft beziehungsweise Tätigkeit?

4. Bist du ansonsten ehrenamtlich tätig? Wenn ja, seit wann? Zum Beispiel
   - Nachbarschaftshilfe
   - Regelmäßige Besuche bei älteren Personen
   - Leiten einer Jugendgruppe (im Sportverein, der Kirchengemeinde, im Reitverein)
   - Mitglied beim Jugendrotkreuz, der DLRG oder den Pfadfindern

   Wenn ja, beschreibe die Art deiner ehrenamtlichen Tätigkeit.

5. Hast du eine bezahlte Nebentätigkeit? Wenn ja, welche? Seit wann? Zum Beispiel
   - Aushilfe in einem Supermarkt
   - Bedienen in einem Restaurant/Café
   - Babysitten
   - Mithilfe im elterlichen Betrieb
   - Rasenmähen bei den Nachbarn

   Welche Fähigkeiten werden dort von dir verlangt?

6. Was machst du ansonsten gerne in deiner Freizeit? Welches sind deine Hobbys und seit wann gehst du ihnen nach? Zum Beispiel
   - Besondere Bastelarbeiten
   - Eine Sportart
   - Alles rund um den Computer

33

Arbeitsvorschläge

„Werbung in eigener Sache“ – Ein Talentportfolio entsteht (3)

Arbeitsvorschlag 3 (in Einzelarbeit)

Fertige eine Top-Ten-Liste deiner gelungenen schulischen oder außerschulischen Leistungen/Leistungsnachweise/Tätigkeiten/Tätigkeitsbereiche an.

Rangfolge	Das ist mir besonders gelungen, das mache ich besonders gut.	Diese Arbeiten sind o.k., dieser Tätigkeitsbereich liegt mir.	Das ist mir nicht so gut gelungen, das ist noch ausbaufähig.
1.			
2.			
3.			
4.			
5.			
6.			
7.			
8.			
9.			
10.			

Arbeitsvorschlag 4 (in der Gruppe)

Besprecht eure Ergebnisse im Rahmen einer Peerberatung. Zieht im Bedarfsfall den Lehrer zurate.

34

Arbeitsvorschläge

„Werbung in eigener Sache“ – Ein Talentportfolio entsteht (4)

Arbeitsvorschlag 5 (in Einzelarbeit)

Hier findest du eine alphabetische Liste von Eigenschaften, die im schulischen, außerschulischen und beruflichen Bereich als besonders erstrebenswert gelten. Ordne die Eigenschaften entsprechend ihrer Wichtigkeit für das Berufsleben, wie sie ein Unternehmen in einem Ranking nennen würde und trage sie in die nebenstehende Spalte ein. Klärt im Vorfeld in der Gruppe Begrifflichkeiten, die euch unklar sind.

Ausgeglichenheit	1.
Disziplin	2.
Ehrlichkeit	3.
Fleiß	4.
Initiative	5.
Leistungsbereitschaft	6.
Ordnungssinn	7.
Pflichtbewusstsein	8.
Pünktlichkeit	9.
Selbstsicherheit	10.
Zielstrebigkeit	11.
Zuverlässigkeit	12.

Arbeitsvorschlag 6 (in der Gruppe)

Diskutiert in der Gruppe euer Ranking und begründet eure Anordnung. Nehmt gegebenenfalls Veränderungen eures Rankings vor, wenn die Argumente eurer Gruppenmitglieder euch überzeugen.

Arbeitsvorschlag 7 (in Einzelarbeit)

a) Kreuze in der folgenden Fähigkeitenliste alle diejenigen Dinge an, die du deiner Meinung nach gut kannst.

b) Suche aus den angekreuzten Fähigkeiten nun zehn aus, die bei dir besonders ausgeprägt sind und unterstreiche sie.

c) Reduziere deine Auswahl nun auf die fünf Dinge, die du am besten kannst und liste sie der Reihe nach auf.

d) Zu welchen der oben in der Liste aufgeführten Eigenschaften passen die von dir ausgewählten Fähigkeiten deiner Meinung nach am besten?

35 Das kann ich! (1)

Meine Fähigkeiten in den Bereichen:

- Ausdrucksfähigkeit
- Arbeitstechnik
- Arbeitseinstellung
- Einfühlungsvermögen
- Grundlagenkompetenzen im Bereich der Informationsbeschaffung
- Handwerkliches Geschick
- Kontaktfähigkeit
- Kooperationsfähigkeit
- Kritikfähigkeit
- Methodenwissen
- Teamfähigkeit

Ausdrucksfähigkeit:

Ich kann ...

○ mich gut ausdrücken, das heißt ich habe zum Beispiel einen guten Wortschatz.
○ laut genug und deutlich sprechen.
○ Situationen und Gedanken schriftlich und mündlich klar und verständlich darstellen.
○ reden, ohne ins Stocken zu geraten.
○ bei einer Diskussion meine Meinung sachlich einbringen und vertreten, das heißt ich werde während des Gesprächs nicht laut oder ausfallend.
○ etwas so anschaulich erzählen, dass mir Leute gerne zuhören.
○ meine Gefühle ausdrücken.
○ auch vor einer großen Zuhörergruppe ruhig und sicher sprechen.
○ Situationen kurz und knapp darstellen, sodass jeder sie nachvollziehen kann.

Arbeitstechnik:

Ich kann ...

○ meinen Arbeitsplatz daheim so einrichten, dass ich alles griffbereit habe, dass Ordnung herrscht und ich genügend Platz habe.
○ theoretische Grundlagen gut in praktisches Handeln umsetzen, beispielsweise beim Einhalten von Klassenregeln, beim Umsetzen von Grammatikmerksätzen oder mathematischen Formeln.
○ bei der Planung meiner eigenen Vorhaben systematisch vorgehen und überlege mir jeden Schritt ganz genau.
○ mir die Zeit gut einteilen und lasse mich nicht leicht ablenken.
○ Probleme erkennen, beschreiben und passende Lösungen finden.

Grundlagenkompetenzen im Bereich der Informationsbeschaffung:

Ich bin in der Lage ...

○ Medien wie das Internet zu nutzen.
○ mich durch das Fernsehen (zum Beispiel Nachrichten), das Radio und die Tageszeitung über aktuelle Geschehnisse zu informieren.
○ mit dem Computer Texte zu erstellen.
○ E-Mails zu verschicken.
○ in einer Bücherei nach Informationen zu suchen.
○ in einem Nachschlagewerk wie einem Wörterbuch Informationen zu bekommen.
○ einen Brief an eine offizielle Stelle zu schreiben.
○ durch einen Anruf Informationen einzuholen.

Einfühlungsvermögen:

Ich kann ...

○ Verständnis für die Situation anderer aufbringen.
○ andere Menschen auf ein mir aufgefallenes Verhalten ansprechen.
○ andere in einem Gespräch trösten.
○ anderen das Gefühl vermitteln, dass ich ihr Problem ernst nehme.
○ das Gefühl eines anderen in eigenen Worten wiedergeben.
○ meinem Gegenüber zeigen, dass ich Interesse an seiner Meinung habe.

Arbeitseinstellung:

Ich kann ...

○ mich an feste Vereinbarungen halten.
○ über das Mindestmaß hinaus Leistung bringen.
○ mich über meine geleistete Arbeit freuen.
○ mit Fleiß auch schwierige Dinge schaffen.
○ Interesse für die Arbeit in der Schule aufbringen.
○ mich auch nach Enttäuschungen immer wieder neu motivieren.
○ mich als belastbar bezeichnen, das heißt ich kann auch unter Druck oder in Stresssituationen arbeiten.
○ auch arbeiten, wenn es um mich herum unruhig und hektisch ist.
○ konzentriert auf ein bestimmtes Ziel hinarbeiten.
○ mit viel Einsatzbereitschaft an die Arbeit gehen.
○ auch Dinge erledigen, die ich äußerst ungern mache.
○ mir Ziele setzen.
○ mir darüber Gedanken machen, weshalb Dinge nicht wie geplant geklappt haben.

36 Das kann ich! (2)

Handwerkliches Geschick:

Ich kann ...
- ◯ einen Knopf annähen.
- ◯ mit einem Bohrer umgehen.
- ◯ kleinere Reparaturarbeiten selbst erledigen, zum Beispiel:
- ◯ gute Bastelarbeiten anfertigen, zum Beispiel:
- ◯ mit der Säge umgehen.
- ◯ ...
- ◯ ...

Kritikfähigkeit:

Ich kann ...
- ◯ über Kritik an meiner Person nachdenken.
- ◯ Kritik, die andere an mir üben, aushalten, ohne dass ich laut werde.
- ◯ mich auch entschuldigen.
- ◯ anderen auch verzeihen.
- ◯ anderen gegenüber meine Meinung vertreten, auch wenn ich befürchten muss, dass sie nicht gerne gehört wird.
- ◯ einen Konflikt aushalten.
- ◯ auch eigene Fehler und Missgeschicke eingestehen.
- ◯ Kritik so anbringen, dass sie andere nicht verletzt.
- ◯ aus Fehlern lernen.

Kontaktfähigkeit:

Es gelingt mir ...
- ◯ auf Menschen zuzugehen.
- ◯ mit anderen ins Gespräch zu kommen.
- ◯ anderen zu helfen, ihre Kontaktschwierigkeiten zu überwinden.
- ◯ andere Menschen zu motivieren.
- ◯ freundlich mit anderen zu sprechen.
- ◯ zurückhaltende Menschen in ein Gespräch einzubeziehen.

Teamfähigkeit:

Ich bin in der Lage ...
- ◯ gut mit anderen zusammenzuarbeiten, und es macht mir Freude.
- ◯ gemeinsam mit anderen eine Aufgabe zu bearbeiten und zu einer Lösung zu kommen.
- ◯ in einer Gruppe Verantwortung zu übernehmen.
- ◯ mich in eine Gruppe zu integrieren.
- ◯ anderen Gruppenmitgliedern bei Aufgaben zu helfen.
- ◯ anderen zu helfen, sich in eine Gruppe zu integrieren.
- ◯ mich durchzusetzen und meine Ideen sachlich zu begründen.
- ◯ auch andere Vorschläge gelten zu lassen.

Kooperationsfähigkeit:

Ich bin ...
- ◯ hilfsbereit, auch wenn ich selbst gerade an etwas arbeite.
- ◯ respektvoll, das heißt ich gehe mit anderen und ihren Vorschlägen höflich um.
- ◯ aufgeschlossen, auch wenn die Ideen von anderen in eine andere Richtung gehen wie meine.
- ◯ in der Lage, auch Kompromisse zu machen.
- ◯ auch zu einem Lob anderen gegenüber bereit.
- ◯ in der Lage, Ideen anderer aufzugreifen und weiterzudenken.
- ◯ bereit, mit anderen zusammenzuarbeiten.

Methodenwissen:

Ich bin in der Lage ...
- ◯ ein Cluster zu erstellen.
- ◯ eine Mindmap anzulegen.
- ◯ einen Text mit einer Lesetechnik zu erschließen (zum Beispiel 5-Schritt-Lesetechnik, W-Fragen).
- ◯ wichtige Informationen aus einem Text zu entnehmen.
- ◯ Schlüsselbegriffe aus Texten herauszuschreiben.
- ◯ Karteikarten als Hilfsmittel für einen Vortrag zu gestalten.
- ◯ Präsentationstechniken anzuwenden.
- ◯ Entspannungstechniken und Konzentrationsübungen einzusetzen.
- ◯ ein Zeitmanagement für meine Arbeiten anzuwenden.
- ◯ verschiedene Merktechniken einzusetzen.

37

Arbeitsvorschläge

„Werbung in eigener Sache" – Ein Talentportfolio entsteht (5)

Arbeitsvorschlag 8 (in Einzelarbeit)

a) Welche dieser oben genannten Eigenschaften treffen deiner Meinung nach am meisten auf dich zu? Liste wenn möglich mindestens drei davon auf.

b) Nenne Situationen/Bereiche/Tätigkeiten, mit denen du diese Eigenschaften bei dir nachweisen/belegen/beweisen/glaubwürdig machen könntest. Schreibe hierzu kleine Situationsbeschreibungen. (Beispielsweise kann als Nachweis für ein besonderes Organisationstalent ein Text über die Mitwirkung bei der Planung und Durchführung eines Klassenfestes beschrieben werden.)

c) Gibt es Eigenschaften, die du von deiner Liste streichen musst, weil du sie nicht sinnvoll belegen kannst?

Arbeitsvorschlag 9 (in der Gruppe)

Besprecht im Rahmen einer Peerberatung, ob die von euch beschriebenen Situationen tatsächlich passende Belege für die auf euch zutreffenden positiven Eigenschaften sind. Vielleicht findet ihr an euch gegenseitig noch weitere positive Eigenschaften und könnt sie mit Beispielen belegen?

Arbeitsvorschlag 10 (in Einzelarbeit)

Überarbeite deine Situationsbeschreibungen entsprechend der Tipps und Anmerkungen deiner Klassenkameraden. Sie sind für spätere Arbeitsfelder noch von Bedeutung.

Arbeitsvorschlag 11 (in der Gruppe)

Besprecht die Rangliste mit den tatsächlichen Ergebnissen aus dem Institut der deutschen Wirtschaft und vergleicht sie mit euren Ergebnissen.

1. Zuverlässigkeit
2. Leistungsbereitschaft
3. Ehrlichkeit
4. Fleiß
5. Initiative
6. Pflichtbewusstsein
7. Zielstrebigkeit
8. Pünktlichkeit
9. Ordnungssinn
10. Disziplin
11. Selbstsicherheit
12. Ausgeglichenheit

38

Arbeitsvorschläge

„Werbung in eigener Sache“ – Ein Talentportfolio entsteht (6)

Arbeitsvorschlag 12 (in Einzelarbeit)

Hier findest du eine Vorlage, in die du deine eigenen Talente im persönlichen, privaten, schulischen und beruflichen Bereich eintragen kannst. Je weiter du dein erkanntes Talent in der Mitte des Schaubilds einträgst, desto ausgeprägter ist es deiner Einschätzung nach. Wenn dir keine Talente mehr einfallen, ordne die unten stehenden Eigenschaften zusätzlich mit ein.

Ausgeglichenheit, Disziplin, Ehrlichkeit, Fleiß, Initiative, Leistungsbereitschaft, Ordnungssinn, Pünktlichkeit, Selbstbewusstsein, Zielstrebigkeit, Zuverlässigkeit

Selbsteinschätzungsbogen von ______________________

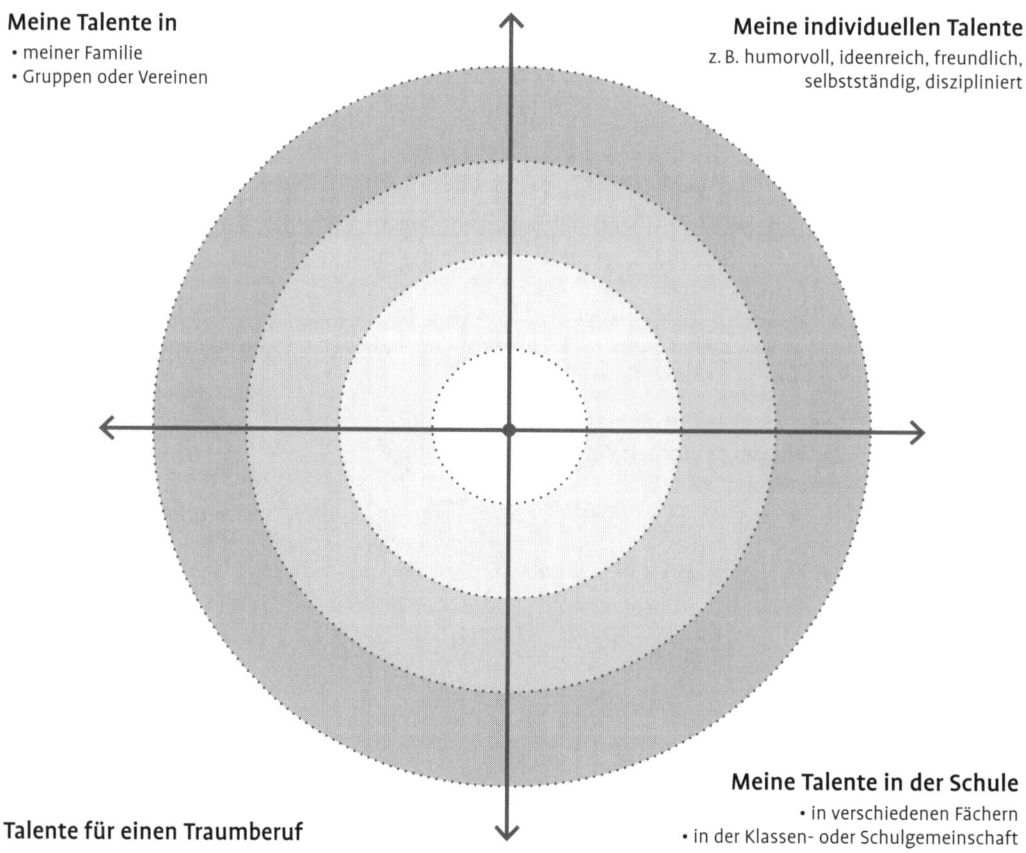

39

Arbeitsvorschläge

„Werbung in eigener Sache“ – Ein Talentportfolio entsteht (7)

Arbeitsvorschlag 13 (in der Gruppe)

Hier findest du eine Vorlage, in die du die Talente deines Gruppenmitglieds im persönlichen, privaten, schulischen und beruflichen Bereich eintragen kannst. Je weiter du dessen erkanntes Talent in der Mitte des Schaubilds einträgst, desto ausgeprägter ist es deiner Einschätzung nach. Wenn dir keine Talente mehr einfallen, ordne die unten stehenden Eigenschaften zusätzlich mit ein.

Ausgeglichenheit, Disziplin, Ehrlichkeit, Fleiß, Initiative, Leistungsbereitschaft, Ordnungssinn, Pünktlichkeit, Selbstbewusstsein, Zielstrebigkeit, Zuverlässigkeit

Fremdeinschätzungsbogen zu ____________________

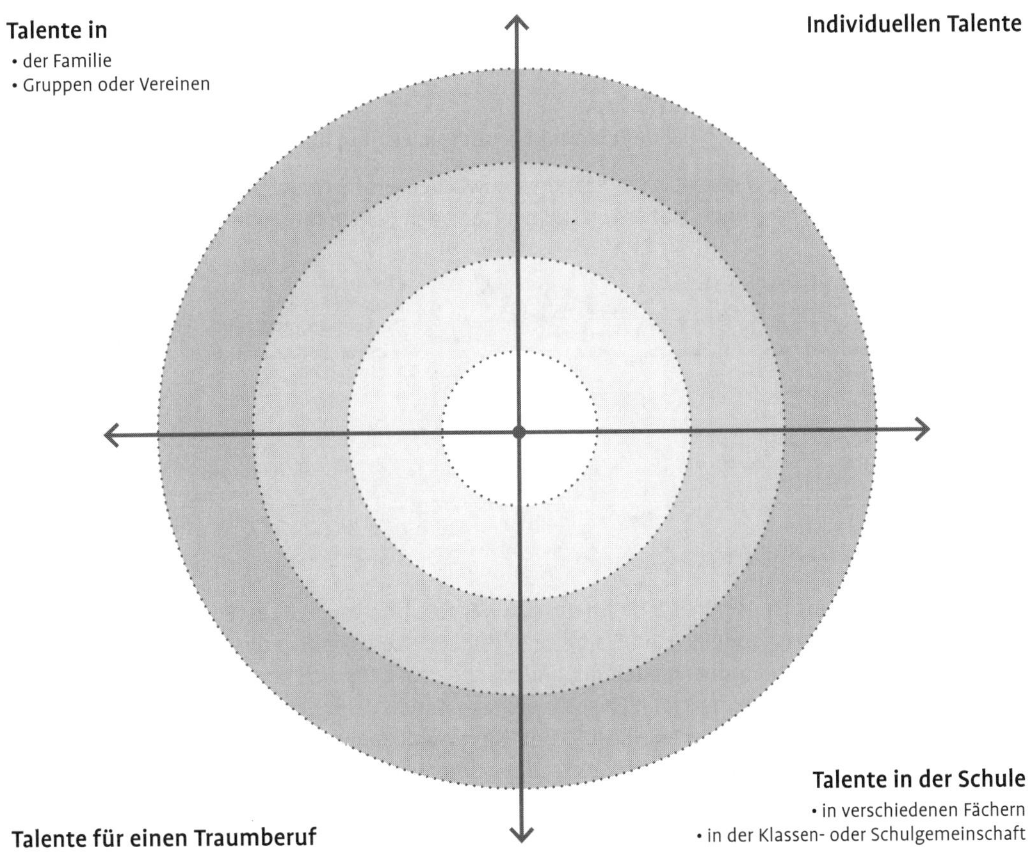

40

Arbeitsvorschläge

„Werbung in eigener Sache“ – Ein Talentportfolio entsteht (8)

Arbeitsvorschlag 14 (in der Gruppe)

Findet euch in Gruppen zusammen und vergleicht die Einschätzungsbögen für jedes einzelne Gruppenmitglied. Als Belege für sein größtes Talent kann der besprochene Schüler eine Situationsbeschreibung vortragen. Bei welchen Talenten oder Eigenschaften gibt es Abweichungen?

Dabei sollt ihr folgende Fragestellungen besprechen:

- **Worin liegen die Gründe für die unterschiedlichen Einschätzungen?**
- **Welche Talente oder Eigenschaften sind neu hinzugekommen?**
- **Gibt es Felder, in denen keine Talente zugeordnet werden konnten?**

Beratung Lernende-Experten:
Befrage eine Person, die dich besonders gut kennt, zum Beispiel einen Freund, Verwandte, Bekannte oder deine Eltern, zu deinen Eigenschaften und Talenten. Orientiere dich dabei am Selbst- und Fremdeinschätzungsbogen. Sind sie vollständig? Fehlen Eigenschaften oder Talente? Stimmt die Gewichtung?

Arbeitsvorschlag 15 (in Einzelarbeit)

Rückblick auf das Thema „Werben“ –
„Was tun, wenn es sich bei dem Produkt X um mich selbst handelt?“

Erstelle für dich ein sogenanntes Stärken-Schwächen-Profil. Greife dabei auf die bisher erarbeiteten Themenbereiche zurück. Notiere in Stichworten auch Belege für deine Schwächen.

Meine Stärken, positive Eigenschaften, besondere Fähigkeiten	Belege/Beispiele	Meine Schwächen/ Schwachpunkte	Belege/Beispiele

Arbeitsvorschlag 16 (in Einzelarbeit)

Deine Aufgabe ist es nun, für dich selbst zu werben. Übertrage die zu Beginn entwickelte Werbestrategie auf das Produkt „ich“. Erarbeite mithilfe der Leitfragen in den unten genannten Kategorien einen Vortrag zur Produktvorstellung und mache damit für dich selbst Werbung.
Die Werbeveranstaltung soll in Form einer Präsentation deiner Person vor der Klasse gestaltet sein. Du kannst mit verschiedenen Hilfsmitteln deiner Wahl arbeiten. Grundlage für die circa dreiminütige Präsentation muss allerdings ein Text sein, in dem du dich einem scheinbar unbekannten Publikum möglichst positiv vorstellst.

41

Möglicher Aufbau des Arbeitsblattes zum Verfassen eines Werbetextes

Verfasse zunächst einen Text als Grundlage für deine Vorstellung. Ziel muss natürlich sein, dass du dich glaubhaft in ein möglichst gutes Licht rückst. Dabei sollte selbstverständlich nicht maßlos übertrieben werden. Kleine Eingeständnisse über noch zu bearbeitende Schwächen können die Glaubwürdigkeit erhöhen.

Zur Erarbeitung der Textgrundlage helfen dir folgende Anhaltspunkte:

Nenne deinen vollständigen **Namen**,
dein **Alter**, dein **Geburtsdatum**, deinen **Geburtsort**
sowie deinen **Wohnort**.
Erzähle, wenn du möchtest, etwas über deine **Familiensituation**,
die **Anzahl deiner Geschwister**, den **Beruf deiner Eltern.**
Beschreibe deine **Rolle innerhalb deiner Familie**, zum Beispiel Aufgaben, die du dort übernimmst.
Nenne einige Dinge, an denen du noch arbeiten willst.
Nenne **Eigenschaften**, die deine Freunde oder Familienmitglieder an dir schätzen.
Erzähle etwas zu deinen **Hobbys** und überlege, welchen Eindruck deine Hobbys von dir vermitteln können.
Nenne deine **Stärken**.
Belege sie durch dein **Tätigkeitsfeld** oder kurze, aussagekräftige **Situationsbeschreibungen**.
Sprich über **Lieblingsfächer** und darüber, was du daran besonders magst.
(Liegen dort auch deine schulischen Stärken?)
Beschreibe dazu gelungene **schulische** und **außerschulische Tätigkeiten**.
Überlege dir jeweils, ob du **schriftliche Dokumente**, **Werkstücke**, **Bilder**, **Zitate** oder **Zertifikate** als Belege heranziehen kannst.
Fasse zum Abschluss nochmals deine **herausragendsten Stärken** und **Fähigkeiten** in einem möglichst überzeugenden Satz zusammen.
Achte auf einen angemessenen Schlusssatz im Sinne einer Verabschiedung.

42 Beobachtungsbogen/Feedbackbogen (1)

Während deine Klassenkameraden versuchen, sich möglichst gut zu präsentieren und überzeugend zu wirken, ist es an dir, als Zuhörer beziehungsweise Zuschauer, eine ehrliche und hilfreiche Rückmeldung zu geben. Gemeinheiten oder Verunsicherungen sind hier nicht gefragt.

Beobachte während des Vortrags folgende verschiedenen Bereiche und mache dir dazu **Notizen**. **Schreibe** sowohl Positives als auch Negatives **auf**.

Name der sich vorstellenden Person: ______________________

Der erste Eindruck

1. | **»You never get a second chance to make a first impression.«**

- Was verrät die anfängliche Körperhaltung über die Person?
- Was sagen Kleidung und Frisur aus?
- Wie klangen die ersten Worte/Sätze in Bezug auf Lautstärke, Deutlichkeit, Verständlichkeit und Inhalt?

Im Verlauf des Vortrags »Werbung in eigener Sache«

2. | **Die Sprache**

Spricht der Kandidat/die Kandidatin deutlich? ______________________

Spricht er/sie in vollständigen Sätzen? ______________________

Spricht er/sie laut genug? ______________________

Spricht er/sie frei? ______________________

Schaut er/sie sein/ihr Gegenüber (hier die Klasse) an? ______________________

Gibt es sinnvoll lange Pausen? ______________________

43 Beobachtungsbogen/Feedbackbogen (2)

3. | **Die Körperhaltung**

Wirkt er/sie entspannt? ____________________

Wirkt er/sie sicher und überzeugend? ____________________

Steht er/sie aufrecht oder sind die Schultern gebeugt? ____________________

Was macht er/sie mit seinen/ihren Händen und Armen? ____________________

Bleibt er/sie an einem Platz stehen oder läuft, wackelt oder wippt er/sie herum? ____________________

4. | **Der Inhalt**

Macht der Einstieg neugierig, die Person näher kennenlernen zu wollen? ____________________

Bekommt man den Eindruck, dass der Redner/die Rednerin gut vorbereitet ist und weiß, was er/sie sagen möchte? ____________________

Ist ein roter Faden erkennbar? ____________________

Sind die vorgegebenen inhaltlichen Punkte enthalten? ____________________

Ist der Inhalt für den Zuhörer nachvollziehbar? ____________________

Sind die genannten Beispiele glaubhaft? ____________________

Stellt er/sie seine/ihre Fähigkeiten glaubhaft dar? ____________________

Welche Bereiche klingen noch zu wenig überzeugend? ____________________

Was überzeugte auf Anhieb? ____________________

5. | Gebt euch gegenseitig ein konstruktives Feedback. Vergesst dabei nicht, immer zuerst positive Beobachtungen zurückzumelden!

7.2 Vom Talentportfolio zum Bewerbungsportfolio

Viele Schülerinnen und Schüler sind sich zu dem Zeitpunkt, an dem es ans Bewerben und die damit einhergehende Berufswahl geht, noch nicht darüber im Klaren, was sie beruflich machen wollen. Mitten im Schulalltag scheint das Berufsleben noch in weiter Ferne. So wenig das Thema für die Schüler greifbar ist, so illusorisch sind oft auch die dann geäußerten Berufswünsche oder -vorstellungen.

Obwohl vielerlei Beratungen stattfinden, sei es beim Berufsberater oder im Berufsinformationszentrum, kann den individuellen Begabungen der Jugendlichen in den oft recht oberflächlichen Gesprächen nicht nachgegangen werden.

Sich den eigenen Stärken, aber auch Schwächen bewusst zu sein, bietet hierbei einen ungeahnten Vorteil. Ein Abgleich von bereits herausgearbeiteten Stärken und Talenten mit den Anforderungen des Berufswunsches bringt schnell Licht ins Dunkel.

Insbesondere das Erstellen von aussagekräftigen Bewerbungsunterlagen wird durch das Anlegen einer Sammlung von Talentnachweisen vereinfacht.

7.3 Das Bewerbungsportfolio

Unter dem Bewerbungsportfolio versteht man in diesem Falle eine zielgerichtete Zusammenstellung von Produkten und Ergebnissen aus dem Talentportfolio, die verschiedene schulische und außerschulische Bereiche abbilden, um Eignung und Interesse für den Ausbildungsberuf herauszustellen. Der Leser, sprich der potenzielle Arbeitgeber, kann sich so ein umfassendes Bild von der Bewerberin oder dem Bewerber und ihren/seinen Fähigkeiten machen. Das Bewerbungsportfolio enthält die maßgeblichen Elemente einer Bewerbungsmappe, ist jedoch in vielerlei Hinsicht aussagekräftiger und geht somit weit über die Standardbewerbung hinaus.

So umfasst es neben einer Dokumentation des schulischen Werdegangs und erworbener Abschlüsse auch ausgewählte Nachweise und Arbeiten aus einem oder mehreren Bereichen, die Aufschluss über die individuellen Fähigkeiten und Kompetenzen in Bezug auf den gewünschten Beruf sowie die eigene Person und den Charakter geben.

Auch die Darstellungsform kann dem Berufsbild entsprechend gestaltet werden. So muss die äußere Form nicht zwangsläufig nur eine Mappe sein. Im handwerklichen Bereich gibt es erfolgreiche Beispiele, die Schrift- und Werkstücke sowie Fotodokumentationen zum Beispiel in einem selbst gefertigten Holzbehältnis zusammenfassen und somit das handwerkliche Geschick ins Zentrum des Betrachtens rücken.

Wie in jedem Bewerbungsverfahren gilt es hier, einen positiven, bleibenden ersten Eindruck zu hinterlassen, der den Adressaten dazu bewegen soll, den Bewerber zu einem Gespräch einzuladen.

Gleichermaßen ist dann wiederum in Verbindung mit der Kontaktaufnahme das Bewerbungsportfolio, mit dem sich der Bewerber in den allermeisten Fällen wesentlich intensiver befasst hat als mit einer reinen Bewerbungsmappe, eine gute Vorbereitung für ein aussagekräftiges Bewerbungsgespräch.

Frei nach dem Sprichwort „**You never get a second chance to make a first impression**" greift hier die **AIDA-Formel**.

A	**Attention**	Das Bewerbungsportfolio soll beim Adressaten Aufmerksamkeit erregen.
I	**Interest**	Das Bewerbungsportfolio soll beim Adressaten Interesse wecken.
D	**Desire**	Das Bewerbungsportfolio soll beim Adressaten den Wunsch auslösen, den Bewerber kennenlernen zu wollen.
A	**Action**	Das Bewerbungsportfolio soll den Adressaten dazu veranlassen, den Bewerber auch tatsächlich zu einem Praktikum oder Vorstellungsgespräch einzuladen.

Die Ansprüche an eine Bewerbung oder die Elemente in einem Bewerbungsportfolio sind von Unternehmen zu Unternehmen verschieden. Wichtig ist jedoch an erster Stelle, dass neben der Kontaktaufnahme die Unterlagen Interesse und Engagement in Bezug auf die Stelle zeigen.

Folgendes muss ein Bewerbungsportfolio jedoch auf jeden Fall enthalten, um auch den Standardanforderungen einer Bewerbung zu entsprechen:

44 Bewerbungsunterlagen (1)

1. Inhalte des Bewerbungsportfolios

Der Arbeitgeber hält mit dem Bewerbungsportfolio nicht nur Bewerbungsunterlagen in den Händen, sondern eine erste Arbeitsprobe. Unterlagen, die sorgfältig zusammengestellt, geschrieben und ansprechend gestaltet sind, sprechen eindeutig für die Bewerberin oder den Bewerber. Es geht dabei um eine klare, ordentliche Darstellung, die zu der Bewerberin/dem Bewerber, dem Unternehmen und dem Berufswunsch passt.

Die Reihenfolge der Unterlagen in der Übersicht:

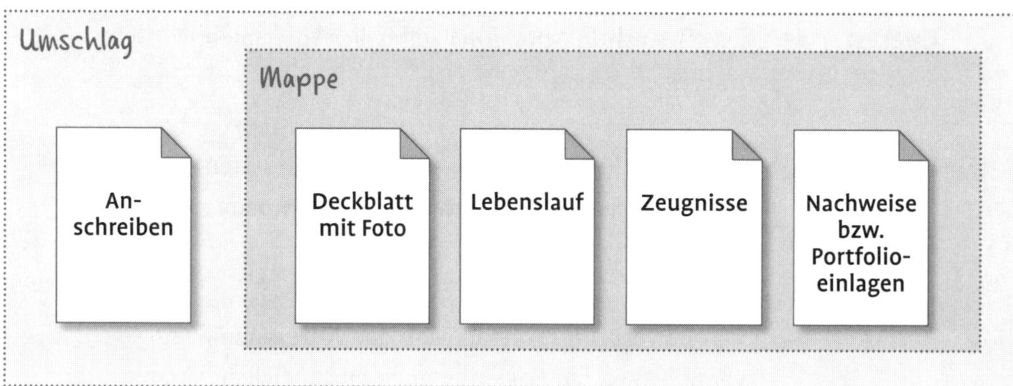

2. Allgemeine Tipps für den gelungenen ersten Eindruck

- Das Bewerbungsportfolio sollte vollständig, übersichtlich, fehlerfrei, sauber, ordentlich, fett- und geruchsfrei sein.
- Für alle Unterlagen soll nur eine Schriftart verwendet werden, zum Beispiel Arial, Tahoma, Century Gothic.
- Das Papier (90 g/qm) muss von guter Qualität sein.
- Tabulatoren sollten statt Leertasten verwendet und Absätze durch Leerzeilen getrennt werden.
- Die Telefonnummer muss auf Anschreiben, Deckblatt und Lebenslauf immer in der gleichen Schreibweise verfasst werden (DIN 5008 ist 07142 76940).
- Keine Abkürzungen wie „z. B.“, „Hr. Müller“ oder „bezgl.“ verwenden!
- Anzeigen und Kopien der erstellten Unterlagen sollten gemeinsam aufbewahrt werden, um sich auf das Vorstellungsgespräch vorbereiten zu können.

45 Bewerbungsunterlagen (2)

3. Umschlag/Behältnis

Die Unterlagen sollten immer in einem Umschlag oder Behältnis sein, auch wenn sie persönlich abgegeben werden. Bei einer Online-Bewerbung werden die Unterlagen in der gewünschten Reihenfolge in einem Dokument zusammengestellt, als pdf abgespeichert und verschickt. Der Umschlag landet nicht immer im Papierkorb! Er kann als letztes Entscheidungskriterium gelten, deshalb sollte er auch sehr sorgfältig gestaltet sein.

Der Umschlag/das Behältnis

- soll etwas größer als die Mappe oder die sonstigen Inhalte sein,
- sollte weiß oder braun sein, eventuell mit Fenster und
- sollte dem Berufswunsch angepasst sein.

Alternative Bewerbungsportfolios sollte man jedoch besser persönlich abgeben.

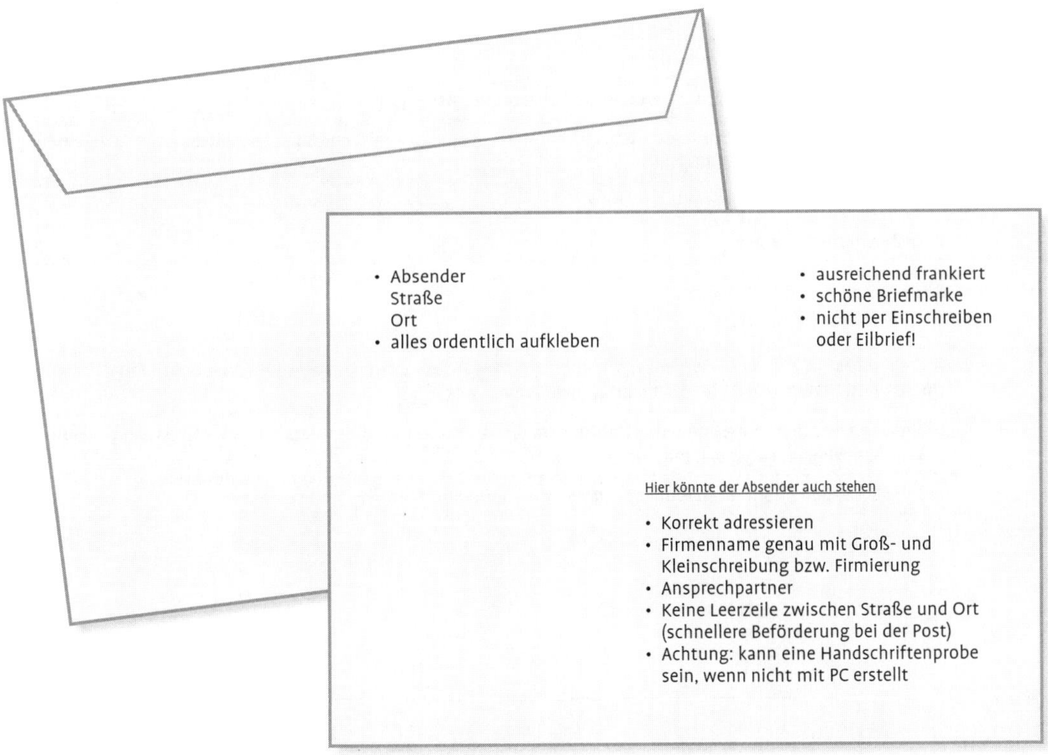

46 Bewerbungsunterlagen (3)

4. Anschreiben (siehe Beispielraster rechts)

Das Anschreiben gilt auch als Element im Portfolio als Visitenkarte. Es zeigt noch vor dem Einsehen der restlichen Unterlagen das Engagement des Bewerbers. Für jede Bewerbung sollte ein individuelles Anschreiben erstellt werden. Das Anschreiben liegt wie ein „Werbebrief" lose auf der Bewerbungsmappe. Es bleibt bei einer Absage beim Unternehmen.

nach DIN 5008 (siehe auch www.DIN-5008-Richtlinien.de)
übersichtliche Textgestaltung mit Absätzen
auf weißem Papier, auf keinen Fall liniert oder kariert
auf das Papier achten, etwas festeres Papier verwenden (90 g/qm)
maximal eine DIN-A4-Seite, nicht geknickt oder gefaltet
einheitlicher Seitenrand von 2,5 cm
in der Gegenwartsform schreiben
kurze Sätze formulieren
viele Adjektive und Verben verwenden
Konjunktivformen wie „könnte", „würde" und „hätte" vermeiden
auf übersichtliche Textgestaltung achten, das heißt Absätze und inhaltliche Sinnabschnitte lassen in Verbindung mit einem einheitlichen Schriftbild
unbedingt mehrmals Korrektur lesen und zusätzlich von anderen lesen lassen
mit Füller unterschreiben

Inhalte des Anschreibens:

Im Text muss auf Firma und Stellenausschreibung eingegangen werden, dabei muss man besonders die Eignung für den Ausbildungsplatz oder das Praktikum zum Ausdruck bringen.
Fähigkeiten und bereits gesammelte Erfahrungen, die zu dem Ausbildungsplatz passen, sollte man erwähnen, jedoch nur belegbare Angaben machen.
Auf die Bewerbungsform Bewerbungsportfolio muss unbedingt hingewiesen werden.

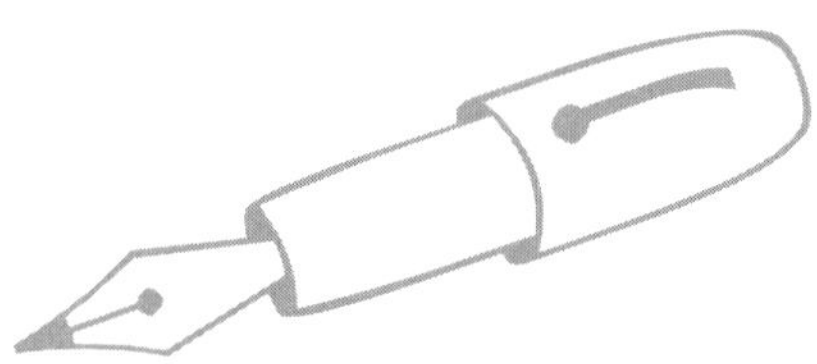

Vor- und Nachname
Straße
Ort
Telefonnummer
•
•
•
•
•
Firma *(bitte Schreibweise und Rechtsform peinlichst genau beachten)*
Abteilung
Ansprechpartner/in
Straße
Ort
•
•
• *(rechtsbündig)* Ort, Datum
• *(200X-05-24)*
•
Betreff *(nicht schreiben, nur die bezugnehmende Textzeile)*
•
•
Sehr geehrte/r Frau/Herr, *(Ansprechpartner lt. Anzeige oder Telefonat)*
•
Warum bewerbe ich mich? *(mit Begründung)*
•
Welche fachlichen Qualifikationen habe ich zu bieten? Hinweis auf die Bewerbung in Form eines Portfolios *(Schulabschluss mit Leistungskursen, Lehrgänge, Praktika)*
•
Wieso kann ich diese Stelle ausfüllen beziehungsweise dem Unternehmen Nutzen bringen? Welche persönlichen Qualifikationen bringe ich mit?
(allgemeine Erfahrungen, Familie, Bekannte, Ferienjobs)
•
Kontaktbereitschaft signalisieren
(z. B. „Über eine Einladung zu einem persönlichen Gespräch freue ich mich sehr.")
•
•
Mit freundlichen Grüßen
•
•
Unterschrift *(mit blauer Tinte)*
•
•
•
•
Anlage
Bewerbungsmappe in Form eines Portfolios
(alternativ:) Bewerbungsportfolio

47 Bewerbungsunterlagen (4)

5. Formulierungsvorschläge für das Anschreiben

Wichtig: Diese Sätze bitte nicht einfach abschreiben. Jede Information muss beleg- und erklärbar sein.

Betreff:

Das Wort Betreff nicht mehr verwenden, die Betreffzeile wird durch Fettschrift hervorgehoben.

Bewerbung für einen Ausbildungsplatz im Herbst 200X als ...
Bewerbung um einen Praktikumsplatz als ...
Ihr Stellenangebot in der ... vom ...
Bewerbung um einen Ausbildungsplatz als ... **Unser Telefonat ... vom ...**
Ihre Anzeige in der Stuttgarter Zeitung vom 03. April 200X Ausbildung zur Bürokauffrau/zum Bürokaufmann

Anrede:

Um das Anschreiben persönlich zu gestalten, sollte der Name des Ansprechpartners im Voraus in Erfahrung gebracht werden.

Sehr geehrte Damen und Herren,
Sehr geehrte Frau XY,
Sehr geehrte Frau XY, **sehr geehrter Herr XY,**

48 Bewerbungsunterlagen (5)

Einleitung:

Viele Anschreiben beginnen mit dem Satz: „*Mit großem Interesse habe ich Ihre Anzeige gelesen und möchte mich bei Ihnen bewerben.*“ Dieser Satz sagt alles und nichts und wirkt auf den Leser abgedroschen. Deshalb sollte man besser auf die Ausschreibung und das Unternehmen eingehen. Die Betreffformulierung sollte man nicht wiederholen, persönlich halten, keine unterwürfigen Formulierungen, „ ich“ und „bewerbe mich“ vermeiden.

In Ihrer Anzeige vom ... suchen Sie eine ...
Sie bieten auf Ihrer Website Ausbildungsplätze für junge Schulabgänger an.
Sie suchen einen ... für Ihr Unternehmen.
Ich bin ... und habe großes Interesse an der von Ihnen ausgeschriebenen Ausbildung zum ... /Ausbildungsstelle für ...
Vielen Dank für das Telefonat von heute Vormittag, das mein Interesse, mich bei Ihnen um einen Ausbildungsplatz zu bewerben, verstärkt hat.
Sie suchen einen ...
Sie bilden ... aus.

Kurze Darstellung der Person:

Ich bin 18 Jahre alt und gehe auf das Technische Gymnasium in ... Im Sommer nächstes Jahres mache ich mein Abitur.
Ich bin 16 Jahre alt und bin im Moment an der Realschule in Weil der Stadt, die ich 200X voraussichtlich mit der Mittleren Reife und (besonders guten Noten in ...) beenden werde.

Gründe für deinen Berufswunsch und dein Interesse an diesem Unternehmen:

Mein Lieblingsfach in der Schule ist Deutsch, besonders gern schreibe ich Aufsätze.
Während meines Praktikums als ... bei ... festigte sich mein Berufswunsch ...
In den Ferien und während des Berufspraktikums nutzte ich die Chance/hatte ich die Gelegenheit, bei ... erste Praxiserfahrungen zu sammeln.
Meine ... (journalistischen) Fähigkeiten/Neigungen im Bereich ... konnte ich als ... (Redakteurin der Schülerzeitung) unter Beweis stellen.
In meiner Freizeit repariere ich gerne Mopeds/arbeite ich gerne mit Kindern.
Von meinen Freunden erfuhr ich, dass die Ausbildung bei Ihnen gründlich ist und eine gute Basis für das spätere Berufsleben ist.
Sie gelten in meinem Bekannten- und Freundeskreis als das ideale Unternehmen für die Ausbildung zum ... Nach Ihren Aussagen macht das Lernen bei Ihnen eine Menge Spaß und man bekommt das Rüstzeug für eine interessante berufliche Laufbahn. Davon möchte auch ich profitieren.

49 Bewerbungsunterlagen (6)

Besondere Fähigkeiten und Kenntnisse:

Meine besondere Begabung im Bereich technisches Arbeiten/im Umgang mit Holz/im gestalterischen Bereich/... sehen Sie in den einzelnen Arbeiten/Nachweisen/Dokumentationen in meinem Bewerbungsportfolio.
Während meines mehrwöchigen Aufenthalts in den USA habe ich meine Englischkenntnisse vertieft/erweitert/ausgebaut. Weitere sprachliche Stärken habe ich zur besseren Nachvollziehbarkeit in meinem Bewerbungsportfolio dokumentiert.
In meiner Freizeit beschäftige ich mich gerne mit dem PC und erstelle kleine Programme. Die verschiedenen Facetten meiner PC-Kenntnisse lege ich hier auszugsweise in meinem Portfolio dar. (Internetrecherchen und auch LAN-Partys können besondere Hard- und Softwarekenntnisse darstellen.)
Meine bereits lange Zeit bestehende Liebe zu Pflanzen und zur Gartenpflege habe ich in meinem Portfolio in Wort und Bild dargelegt.

Kontaktfähigkeit:

Es fällt mir leicht, auf andere Menschen zuzugehen.
Ich gehe gern auf andere Menschen zu.
Der Umgang mit Menschen macht mir viel Freude.
In den Ferien war ich als Betreuerin einer Kindergruppe der Arbeiterwohlfahrt tätig. Die Arbeit mit Kindern sowie das Anleiten von Gruppen fällt mir leicht und bereitet mir großes Vergnügen.
Es gelingt mir oft, andere Menschen zu motivieren und für eine Sache zu begeistern. Dies wurde mir bei meiner Arbeit als Jungscharleiterin immer wieder rückgemeldet.
Wichtig ist es mir, einen freundlichen Umgang mit anderen zu pflegen. Positive Reaktionen darauf bekomme ich oft im Rahmen meiner Aushilfstätigkeit im örtlichen Altenheim.

Teamarbeit:

Bei der Arbeit in der Redaktion der Schülerzeitung konnte ich meine Teamfähigkeit unter Beweis stellen.
In meiner Freizeit spiele ich seit x Jahren im Team der Jugendmannschaft des Marbacher Volleyballvereins.
Während meiner dreijährigen Tätigkeit als Schülersprecherin der Realschule Weil der Stadt gelang es mir gut, mich in unserem Team zu integrieren, aber auch mich durchzusetzen und Verantwortung für andere zu übernehmen.
Zusammen mit einer Mitschülerin leite ich seit einem Jahr eine Tanzgruppe für jüngere Schülerinnen und Schüler an unserer Schule. Die Zusammenarbeit mit der Gruppe macht mir große Freude. Mehrere erfolgreiche Auftritte zeigten uns den Erfolg unserer Arbeit.

50 Bewerbungsunterlagen (7)

Eigeninitiative:

Seit zwei Jahren bin ich Klassensprecherin. Im nächsten Monat kandidiere ich für das Amt der Schulsprecherin.
Es macht mit Freude, neue Ideen zu entwickeln und umzusetzen.
Durch meine Initiative wurde ein Filmprojekt an unserer Schule in Angriff genommen.
Im vergangenen Schuljahr gelang es mir, meine Klasse davon zu überzeugen, ein Projekt des Kinderhilfswerks zu unterstützen. Eigenständig haben wir dabei eine Spendenaktion ins Leben gerufen. Den Verlauf dieses Projekts habe ich dokumentiert und in meinem Portfolio beigelegt.

Schlussformulierung:

Gerne können Sie mich in einem persönlichen Gespräch und einem Praktikum, auch parallel zur Schule, oder in den XY-Ferien kennenlernen.
Einzelheiten können Sie aus den beigefügten Unterlagen ersehen.
Einzelheiten meiner bisherigen Leistungen im gestalterischen Bereich sind in meinem Portfolio dargelegt. Gerne beantworte ich Ihre Fragen dazu oder zu meiner Person in einem persönlichen Gespräch.
Gerne beantworte ich Ihre Fragen zu mir und meinen Unterlagen in einem persönlichen Vorstellungsgespräch.
Habe ich Ihr Interesse geweckt? Dann freue ich mich über eine Einladung zu einem Vorstellungsgespräch.
Über ein persönliches Gespräch freue ich mich.
Ich freue mich, bald von Ihnen zu hören.
Über die Einladung zu einem persönlichen Vorstellungsgespräch würde ich mich sehr freuen.
Ich freue mich darauf, bald von Ihnen zu hören.
So nicht: Bitte geben Sie mir Gelegenheit zu einem persönlichen Gespräch.

Beispiel eines gelungenen individuellen Anschreibens

Johannes Danner
Burgstraße 120
75365 Calw
00000 900000
Johannes.Danner@web.de

Telekom Ausbildungszentrum Böblingen
Herrn Helmut Napf
Funkstraße 222
71034 Böblingen

Calw, 06. September 200X

Bewerbung für einen Ausbildungsplatz als Fachinformatiker

Sehr geehrter Herr Napf,

Sie bieten auf Ihrer Website einen Ausbildungsplatz zum Fachinformatiker im Herbst 200X an.
Durch die positiven Erfahrungen, die ich während meines Praktikums in Ihrem Haus sammeln konnte, fühle ich mich in meinem Wunsch, den Beruf des Fachinformatikers erlernen zu wollen, bestärkt. Hiermit bewerbe ich mich bei Ihnen um diesen Ausbildungsplatz.

Im Moment besuche ich die Realschule Althengstett und werde sie im Juli 200X mit der mittleren Reife abschließen.

Da mich der Umgang mit Computern fasziniert und herausfordert, möchte ich gerne in diesem Bereich beruflich tätig werden. Zu Hause kümmere ich mich um die vier Computer, um unser Heimnetzwerk und um anfallende Wartungsaufgaben. Außerdem installiere ich neue Komponenten wie Festplatten, Arbeitsspeicher oder TV-Karten. Des Weiteren verwalte, überwache und entwickle ich die Homepage meiner Clique weiter. Um Ihnen einen Einblick in meine bisherigen Kenntnisse, Fähigkeiten und Anwendungsbereiche zu ermöglichen, lege ich Nachweise sowie eine Dokumentation in Form eines Bewerbungsportfolios bei.

Den Beruf des Fachinformatikers konnte ich auch durch andere Praktika kennenlernen. So absolvierte ich ein zweitägiges Praktikum bei der Firma BVS[1] in Böblingen und ein einwöchiges Berufsorientierungspraktikum bei der Firma Holzma[2]. Erste Einblicke in das Betriebssystem Linux sowie die Grundlagen für das Erstellen einer Homepage haben mich dabei besonders beeindruckt.

Gerne möchte ich bei der Telekom fundierte Kenntnisse in diesem Bereich erwerben.
Über eine Einladung zu einem persönlichen Gespräch freue ich mich.

Mit freundlichen Grüßen
Unterschrift

Anlage
Bewerbungsportfolio

1. BVS Böblingen (www.bvs-blechtechnik.de)
2. Holzma Holzbronn (www.holzma.de)

52 Bewerbungsunterlagen (8)

6. | Bewerbungsmappe

Klemmmappe mit Klarsichtdeckel und Swingclip
gute Qualität
Farbe und Material der Stelle und der Intention anpassen
Preisschild entfernen!

Wichtig bei der Auswahl ist, dass die Mappe den eingefügten Materialien genügend Platz bietet und dem Leser eine leichte und übersichtliche Handhabung beim Aufschlagen oder beim Umblättern gewährt. Es stellt sich oft die Frage, welche Mappe die richtige ist. Wie würdest du entscheiden, wenn du 100 Bewerbungen vor dir liegen hättest?

Loseblattsammlung? Pappmappen in verschiedenen Farben? Durchsichtige Klemmmappen, in denen dich die Bewerber auf dem Deckblatt anlächeln?

Mit welcher Mappe hättest du den schnellsten persönlichen Eindruck von dem Bewerber? Jetzt kommen die ersten Anrufe der Bewerber. Welche Bewerber findest du am leichtesten? Allgemein präsentiert sich der Bewerber in einer Klarsichtmappe am besten. Doch das ist Geschmacksache, auch bei Arbeitgebern.

7. | Das Deckblatt

bestimmt den ersten Eindruck beim Arbeitgeber
lässt sofort die Arbeitshaltung des Bewerbers erkennen
verrät den Portfolioschwerpunkt
macht neugierig auf den Rest des Bewerbungsportfolios
unterstreicht die persönliche Note
lässt Freiräume zur individuellen Gestaltung
sollte dennoch klar strukturiert und übersichtlich sein

Inhalt des Deckblattes:

Überschrift: „Bewerbungsportfolio“ oder „Bewerbungsportfolio für einen Ausbildungsplatz als ...“
erstrebte Position: genaue Bezeichnung der ausgeschriebenen Stelle, gegebenenfalls Kennziffer
Bild: Fotografenbild und keinesfalls ein Automatenbild, auf (stellen)angemessene Kleidung achten, auf der Rückseite Namen und Adresse mit Bleistift angeben, mit Klebestift punktkleben und nicht zu viel Klebstoff verwenden, kann eingescannt und bei guter Druckerqualität auch gedruckt werden
Anschrift: Straße, Hausnummer, Ort, Telefon, Mobilnummer, E-Mail-Adresse
Anlage: Lebenslauf, Zeugnisse
Portfolioeinlagen

Bewerbungsportfolio

für einen
Ausbildungsplatz

als

Fachinformatiker im Herbst 20XX

Johannes Danner
Burgstraße 120
75365 Calw
00000 900000
Johannes.Danner@web.de

Anlagen
Lebenslauf
Zeugnisse
Portfolioeinlagen

54 Bewerbungsunterlagen (9)

8. Der Lebenslauf

Der Lebenslauf soll dem Arbeitgeber einen Überblick über das bisherige Leben, seine Aktivitäten, Kenntnisse, Fähigkeiten und Interessen geben.

ist übersichtlich und leicht lesbar
ist durch Zwischenüberschriften gegliedert
ist tabellarisch und chronologisch geordnet
ist lückenlos und auf dem neuesten Stand
stimmt mit den Zeugnisdaten überein
führt soziales und ehrenamtliches Engagement auf
nimmt Bezug auf Praktika
kann auch bei Schülern zwei Seiten umfassen
hat Ort, Datum und Unterschrift handschriftlich und in blauer Tinte vermerkt

9. Das Zwischenblatt

gibt den Unterlagen eine Struktur
Gestaltung des Zwischenblattes passend zum Deckblatt
Titel: Zeugnisse und Portfolioeinlagen

10. Die Zeugnisse

ausschließlich Kopien verwenden (nur wenn gewünscht beglaubigte)
Abschlusszeugnis oder Zeugnisse der letzten beiden Schuljahre
einzeln auf DIN-A4-Blätter kopieren

Lebenslauf

Persönliche Daten	Johannes Danner Burgstraße 120 75365 Calw 00000 900000 johannes.danner@web.de geboren am 14. Mai 1980 in Stuttgart
Familie	Vater: Peter Danner, Informatikingenieur Mutter: Marion Danner, Krankengymnastin Bruder: Ausbildung zum Bankkaufmann

Schulbildung

0X.XX – 0X.XX	Hirschbergschule, Calw
seit 09.XX	Gottlieb-Daimler-Realschule, Althengstett Lieblingsfächer: Englisch und Technik Klassensprecher in drei Klassenstufen
06.XX	voraussichtlicher Schulabschluss: **Mittlere Reife**

Berufliches und soziales Engagement

20XX	BVS Blechtechnik GmbH, Böblingen, Praktikum
200X	Holzma Plattenaufteiltechnik GmbH, Calw-Holzbronn, Praktikum im Rahmen der Berufsorientierung
seit 20XX	Evangelische Kirchengemeinde, Calw, Leiter Jugendschargruppe

Besondere Kenntnisse

PC-Kenntnisse	Office-Paket: Word, Excel, Powerpoint Internetrecherche, Grundlagen zum Erstellen einer Homepage, Einblicke in Linux, Hardware- und Software-Kenntnisse
Fremdsprachen	Englisch Die Sprachkenntnisse wurden durch einen Studienaufenthalt in England vertieft.

Weiterbildungen

20XX	Volkshochschule, Calw Tastaturtraining, Sicher präsentieren mit Powerpoint, PC-Sicherheit

Persönliche Interessen

Hard- und Softwarearbeiten am Computer, … *(Interessen, die eventuell zum Beruf passen)*

(Ort, Datum mit blauer Tinte)

(Unterschrift mit blauer Tinte)

Zeugnisse und Portfolioeinlagen

- Zeugnisse Klasse 9
- Projektdokumentation „Schaltkreise“
- Praktikumsnachweise
  BVS Blechtechnik GmbH, Böblingen
  Holzma Plattenaufteiltechnik GmbH, Calw-Holzbronn
- Powerpoint-Präsentation zu meinen Praktika (CD-ROM)
- Auszüge aus unserer Homepage
  www.dannerandfriends.de

57 | Bewerbungsunterlagen (10)

11. | Mögliche Bewerbungsportfolioeinlagen

Motivationsschreiben:

Das Motivationsschreiben bietet Raum, die eigenen Beweggründe für eine Bewerbung für genau diesen Beruf, diese Firma darzulegen.

Bescheinigungen für absolvierte Praktika und Nebentätigkeiten:

Bereits gesammelte Einblicke in die Berufspraxis überzeugen zusätzlich vom ernstgemeinten Interesse am angestrebten Beruf.
Es kann außerdem nachgewiesen werden, dass gegebenenfalls auch andere Berufsrichtungen ausprobiert wurden.
Sie zeigen auch Verantwortungsbewusstsein und Zuverlässigkeit, zum Beispiel das Austragen von Zeitungen über einen längeren Zeitraum.

Nachweise über die Teilnahme an Kursen und Lehrgängen:

zum Beispiel Tastaturtrainings, Computeranwendungs- oder Programmierkurse
Zusätzliche Qualifikationen und erbrachtes Engagement sind immer ein Pluspunkt, besonders wenn sie dem angestrebten Beruf dienlich sind.
Sie zeigen das Bestreben, sich auch im außerschulischen Bereich Wissen anzueignen.

Empfehlungsschreiben/Referenz:

Tätigkeiten im persönlichen Umfeld können durch ein Empfehlungsschreiben nachgewiesen werden,
zum Beispiel Babysitten oder Mithilfe im elterlichen Betrieb.

Zertifikate für Zusatzqualifikationen:

außerschulisches Engagement,
zum Beispiel D1-Lehrgang Musikverein, Gruppenleiterin Sportverein

schulische Projektnachweise

58 Bewerbungsunterlagen (11)

Dokumente schulischer oder außerschulischer Stärken:

mit gesonderter Titelseite und Inhaltsverzeichnis
(wohlüberlegte Auswahl der besten beziehungsweise aussagekräftigsten Arbeiten)

zum Beispiel Texte, Produkte aus unterschiedlichen Themenbereichen, Fotodokumentationen der Erstellung oder während der Projektarbeit (Sammlung von Arbeiten über einen längeren Zeitraum hinweg)

- **Arbeiten, die zu Beginn eines Lernprozesses erstellt wurden und solche, die am Ende eines Entwicklungsweges stehen**
- **Begründung der Text- oder Produktauswahl**
- **Entstehungsgeschichte der Arbeiten**
- **Kommentare von Lehrern zu den Werken**
- **eigene Kommentare**

Der wesentliche Aspekt dieses Erweiterungsbereichs, der die Bewerbung zu einem Bewerbungsportfolio macht, ist die

- **sinnvolle,**
- **zielgerichtete,**
- **stellenspezifische und**
- **aussagekräftige**

Auswahl an Portfolioeinlagen.

Eine Überfrachtung muss unbedingt vermieden werden. Der Leser soll ganz klar den Begabungsschwerpunkt in Zusammenhang mit dem Anforderungsprofil beispielsweise der Lehrstelle erkennen können.

Auch wenn beim Bewerbungsportfolio die Auseinandersetzung mit persönlichen Fähigkeiten oder sich nicht in Schulnoten messbaren Stärken beziehungsweise deren Darstellung im Vordergrund stehen, ist es unabdingbar, dass die Elemente einer Standardbewerbung in aktueller, optimaler Variante vorliegen. Wichtig ist, dass der Arbeitgeber sich anhand des Bewerbungsportfolios ein gutes Bild von den Stärken und der Motivation des Bewerbers machen kann.

59 Bewerbungsportfolio-Check

Beim leider oft sehr langen und kniffligen Prozess des Erstellens eines Bewerbungsportfolios sollte niemand auf sich allein gestellt sein. Es ist wichtig, sich von anderen konstruktive Rückmeldungen geben zu lassen. Die Frage hierbei sollte nicht sein: Wie findest du meine Unterlagen?

Sondern: Ich bewerbe mich bei diesem Unternehmen/auf dieses Ausbildungsplatzangebot. Stell dir vor, du bist der Arbeitgeber. Fühlst du dich von den Unterlagen angesprochen? Findest du mich geeignet? Gibt es etwas, das dir fehlt?

Die Antworten auf folgende Fragen helfen mir weiter:

1. **Unterscheidet sich das vorliegende Bewerbungsportfolio von herkömmlichen Bewerbungsmappen? Wenn ja, wodurch?**
2. **Ist der erste Eindruck positiv? Weckt er das Interesse des Lesers?**
3. **Auf welche Stelle/auf welchen Ausbildungsplatz bewirbt sich der Verfasser?**
4. **Nennt der Betrieb/die Firma bereits gewünschte Eigenschaften oder ein Anforderungsprofil für die Stelle? Gibt es Anforderungen, die der Bewerber nicht erfüllt? Wenn ja, welche?**
5. **Welche erforderlichen Fähigkeiten lassen sich ansonsten hinter dem Beruf vermuten?**
6. **Hat der Bewerber/die Bewerberin im Anschreiben genau dieses Anforderungsprofil des Berufs als für sich zutreffend beschrieben?**
7. **Mit welchen Mitteln versucht er/sie zu belegen, dass er/sie dieses Profil erfüllt?**
8. **Ist diese Beweisführung glaubhaft gelungen?**
9. **Welche Bereiche des Bewerbungsportfolios greifen diese Beweisführung auf?**
10. **Wie gelungen/passend/aussagekräftig sind die entsprechenden Portfolioeinlagen?**

Für eine detaillierte Bewertung des Bewerbungsportfolios kann der bepunktete Bewertungsbogen verwendet werden (siehe Bewertungsbogen zum Bewerbungsportfolio auf Seite 133).

60 Fremd- oder Selbstbewertungsbogen für ein Bewerbungsportfolio (1)

Firmen gehen bei der Durchsicht oder dem Sortieren der oft sehr zahlreichen Bewerbungsunterlagen, die für eine ausgeschriebene Lehrstelle eingehen, nicht zimperlich vor. Oftmals entscheiden Kleinigkeiten darüber, ob die Bewerbung aussortiert wird oder eine echte Chance erhält, gelesen zu werden.

Das von euch erstellte Bewerbungsportfolio kann in diesem Bewertungsdurchgang **eine Höchstpunktzahl von 40 Punkten** erreichen. Achtet auf die zu vergebende Punktzahl für die einzelnen Bereiche. Hier reichen oft schon wenige Mängel, um in dieser Kategorie keine Punkte mehr zu bekommen.

1. Umschlag — zu erreichende Punktzahl: **2 Punkte**

Absender fehlerhaft	– 1 Punkt
falsche Firmenbezeichnung bei der Anschrift	– 1 Punkt
„z. Hd.“ fälschlicherweise geschrieben	– 1 Punkt
schlecht leserlich geschrieben	– 2 Punkte
zu klein oder zu groß geschrieben	– 0,5 Punkt
Porto: zu wenig/zu viel	– 0,5 Punkt
Porto: keine Briefmarke	– 0,5 Punkt
Umschlag: zu groß oder zu klein	– 0,5 Punkt
Umschlag: zerknittert, Klebespuren	– 0,5 Punkt

2. Deckblatt — zu erreichende Punktzahl: **3 Punkte**

Gestaltung nicht ansprechend	– 2 Punkte
Hinweis auf Bewerbungsform „Portfolio“ fehlt	– 2 Punkte
„Inhalt“ statt „Anlagen“ geschrieben	– 0,5 Punkt
„um einen Ausbildungsplatz als“ fehlt	– 2 Punkte
Bewerbungsbild fehlt (höchstens es taucht im Lebenslauf auf)	– 2 Punkte
Inhalt unvollständig oder zu viel (oder falsch)	je – 1 Punkt

61

Fremd- oder Selbstbewertungsbogen für ein Bewerbungsportfolio (2)

3. Lebenslauf

zu erreichende Punktzahl: **10 Punkte**

◯	Wort „Lebenslauf“ fehlt	– 2 Punkte
◯	**Es fehlt oder ist fehlerhaft:**	
◯	Doppelpunkte werden nach den Kategorien verwendet	– 0,5 Punkt
◯	bei den Daten stehen keine Monatsangaben	– 0,5 Punkt
◯	Name oder Adressenteil	– 1 Punkt
◯	Telefonnummer fehlt/anders geschrieben	– 1 Punkt
◯	Geburtsdatum	– 1 Punkt
◯	Geburtsort	– 1 Punkt
◯	Eltern, Geschwister	– 1 Punkt
◯	Schulbildung	– 1 Punkt
◯	Schulabschluss	– 1 Punkt
◯	besondere Kenntnisse	– 1 Punkt
◯	persönliche Interessen	– 1 Punkt
◯	Ort (muss gedruckt sein)	– 1 Punkt
◯	Datum	– 1 Punkt
◯	Unterschrift fehlt	– 2 Punkte
◯	Datum stimmt mit Anschreiben nicht überein	– 1 Punkt
◯	Gestaltung nicht ansprechend (Übersicht, Absätze, Hervorhebungen)	max. – 2 Punkte
◯	zu große Schrift	– 1 Punkt
◯	Einzug (Einrücken) ungleich	– 0,5 Punkt

____

4. Anschreiben

zu erreichende Punktzahl: **10 Punkte**

◯	linker Rand zu knapp	– 1 Punkt
◯	Fehler im Namen (eigener oder Firmenname)	– 1 Punkt
◯	Fehler in Adresse, Anschrift, Datum	je – 1 Punkt
◯	Telefonnummer nicht der Norm entsprechend	– 1 Punkt
◯	Schreibweise der Telefonnummer in Lebenslauf, Deckblatt, Anschreiben nicht einheitlich	– 1 Punkt
◯	Leerzeile fehlt bei Anschrift	– 1 Punkt
◯	Betreff: fehlt	– 2 Punkte
◯	Betreff: fehlerhaft	– 1 Punkt
◯	Anrede falsch	– 1 Punkt

62 Fremd- oder Selbstbewertungsbogen für ein Bewerbungsportfolio (3)

Fortsetzung: Anschreiben

◯	1. Abschnitt: Information über die Lehrstelle fehlt	– 2 Punkte
◯	1. Abschnitt: „bewerbe ich mich …“ fehlt	– 2 Punkte
◯	2. Abschnitt: Leerzeile fehlt	– 0,5 Punkt
◯	2. Abschnitt: derzeitiger Schulbesuch fehlt	– 2 Punkte
◯	2. Abschnitt: voraussichtlicher Schulabschluss fehlt	– 2 Punkte
◯	3. Abschnitt: Begründung für Berufswahl fehlt	– 4 Punkte
◯	3. Abschnitt: Kenntnisse über Beruf, Fähigkeiten, Interessen und Erfahrungen fehlen	– 3 Punkte
◯	3. Abschnitt: Text erkennbar aus Vorlage abgeschrieben	– 4 Punkte
◯	3. Abschnitt: Hinweis/Erklärung, dass es sich um ein Portfolio handelt, fehlt	– 3 Punkte
◯	3. Abschnitt: gewählter Portfolioschwerpunkt wird nicht deutlich	– 3 Punkte
◯	4. Abschnitt: Bitte um ein Vorstellungsgespräch fehlt	– 2 Punkte
◯	4. Abschnitt: Grußformel fehlt	– 3 Punkte
◯	4. Abschnitt: Unterschrift fehlt	– 3 Punkte
◯	4. Abschnitt: Unterschrift gedruckt	– 2 Punkte
◯	Hinweis auf Anlagen fehlt oder ist fehlerhaft	– 2 Punkte
◯	Es wird der Inhalt der Bewerbungsmappe aufgezählt, anstatt hier nur das Bewerbungsportfolio zu nennen.	– 2 Punkte
◯	falscher Aufbau (Abschnitte)	– 3 Punkte
◯	Monat nicht ausgeschrieben	– 1 Punkt

____

5. Portfolioteil zu erreichende Punktzahl: **10 Punkte**

◯	Es wird nicht klar, dass sich in der Anlage keine gewöhnlichen Bewerbungsunterlagen befinden, sondern dass es sich um ein Bewerbungsportfolio handelt.	– 3 Punkte
◯	Das Portfolio enthält unnötige oder übertrieben viele unterschiedliche Leistungsnachweise.	– 3 Punkte
◯	Die Talentnachweise passen nicht zum ausgeschriebenen Beruf.	– 3 Punkte
◯	Das Portfolio ist nicht klar genug strukturiert.	– 2 Punkte
◯	Das Portfolio enthält kein sinnvolles Inhaltsverzeichnis.	– 2 Punkte
◯	Auf Fotos dokumentierte Werke sind schlecht erkennbar.	– 2 Punkte
◯	Auf Fotos dokumentierte Werke sind nicht beschriftet.	– 2 Punkte
◯	Leistungsnachweise und Zertifikate sind schmuddelig.	– 2 Punkte
◯	Die Aussage, die mit den Portfolioeinlagen laut Anschreiben gemacht/bewiesen werden soll, ist nicht glaubwürdig/überzeugend.	– 2 Punkte
◯	Die Portfolioeinlagen sind eher kontraproduktiv.	– 3 Punkte

____

63

Fremd- oder Selbstbewertungsbogen für ein Bewerbungsportfolio (4)

6. Sonstiges zu erreichende Punktzahl: **5 Punkte**

◯ verschiedene Schriftarten verwendet	– 2 Punkte
◯ mangelhafte, unpassende Portfoliomappe	– 3 Punkte
◯ Bewerbungsmappe fehlt ganz	– 5 Punkte
◯ falsche Reihenfolge der Unterlagen	– 2 Punkte
◯ Rechtschreibfehler (pro Fehler)	– 1 Punkt
◯ Kommafehler (pro Komma)	– 1 Punkt
◯ Satzbaufehler	– 1 Punkt
◯ Ausdrucksfehler	– 1 Punkt
◯ Grammatikfehler	– 1 Punkt
◯ schlechte Formulierung	– 0,5 Punkt

____

Meine Gesamtpunktzahl: ______________

Lernmethodik im Portfolio

Wenn Schülerinnen und Schüler im Portfolio ihre Kompetenz dokumentieren, so gehören dazu auch geeignete Belegstücke, mit denen sie kritisch reflektierend den eigenen Lernweg darstellen. Damit sie auf diesem Weg eine gute Balance zwischen Struktur und Freiraum finden, ist es am Anfang sehr hilfreich, wenn sie sich an einigen Vorlagen orientieren können. Aus einer kleinen Sammlung von Kopiervorlagen (siehe Seite 148 bis 159) können die Schülerinnen und Schüler Arbeitsblätter auswählen, die sie als Lernbegleiter verstehen.

Mit dieser Hilfestellung aus der Lernmethodik soll der Beginn reflexiven Lernens unterstützt werden. So finden die Lernenden etwas leichter in eine reflexive Haltung zu Lernen und Leisten.

Die Schüler dürfen nicht einfach mit diesen Materialien bedient werden. Sie sollen die passenden Vorlagen selbst auswählen und eigenständig bearbeiten. Die bereits gestalteten Elemente sollen keine Eigenleistung vortäuschen. In den jeweiligen Reflexionsanleitungen sind Ziele und Kriterien formuliert, an denen sich die Schüler orientieren können, um sich Vorgänge und Erträge ihrer Arbeitsprozesse bewusst zu machen. Die Vorlagen sind als Einstiegshilfe und Anregung gedacht, die Qualität der eigenen Arbeitsweise zu bewerten und die Schlussfolgerungen sowie die persönlichen Ziele für die nächsten Schritte anschließend selbst zu formulieren. Denn den Kern eines Portfolios bilden Originalarbeiten, die von jeder Schülerin und jedem Schüler selbst reflektiert werden, Belege für die selbstständige Planung und Steuerung des eigenen Lernens und Arbeitens. Dabei sollen sie zu Ergebnissen gelangen, für die sie sich angestrengt haben und auf die sie stolz sein können. Die Portfolioarbeit darf kein Instrument der Fremdkontrolle oder der fremdbestimmten Selbstkontrolle werden. Ausgangspunkt ist nicht das möglichst schnelle Erreichen vorgegebener Ergebnisse, sondern die Aktivierung von Lernenergie durch produktive Herausforderungen. Anhand des eigenen Portfolios entsteht im Austausch mit anderen ein Dialog über Lernen und Leistung.

Für das Lernen und Leisten gibt es viele Begleiterscheinungen. Eine „Lyrik mit Modalverben" (Graffiti am Alexanderplatz Berlin) trifft in dieser Reihenfolge eine bemerkenswerte Aussage: „können sollen müssen wollen dürfen". Die Botschaft wird verständlicher, wenn man erst einmal die hinführenden Zeilen liest:

Wenn ich nur darf, wenn ich soll, aber nie kann, wenn ich will,
dann mag ich auch nicht, wenn ich muss.
Wenn ich aber darf, wenn ich will,
dann mag ich auch, wenn ich soll
und dann kann ich auch, wenn ich muss.
Denn die können sollen, müssen wollen dürfen!

Noch einmal der Reihe nach: Auf dem Weg zum Können sollen diese drei Modalverben „müssen wollen dürfen" Lernbegleiter sein. Dabei stellt sich die Frage, ob das Wollen wichtiger ist als das Müssen oder soll das Dürfen den größten Anteil haben? Oder ist grundsätzlich jedes gleichermaßen wichtig?

Ich soll lernen

Ich muss lernen

Ich will lernen

Ich darf lernen

Ich kann lernen

Wie sollen Lehrer ihre Schüler auf dem Weg zum Können begleiten, wie ihre Persönlichkeit stärken und sie zu mehr Eigenverantwortung führen? Wie können Schüler ihr Begabungspotenzial entdecken und ihre Talente nutzen? Zu dieser zweiten Frage wollen Angebote aus dem Bereich der Lernmethodik die Schülerinnen und Schüler beim Reflektieren über ihr Lernen begleiten und sie zu einer Stärkenanalyse anregen, die sie jede und jeder für sich im Portfolio dokumentieren.

8.2 Lernen mit System

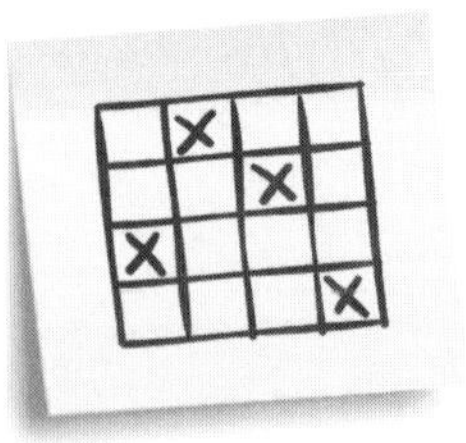

Stärkenanalyse soll darauf gerichtet sein, in der unmittelbaren Umgebung der Schwachstelle nach Stabilität und Halt zu suchen. Wer in einem fremden Text als Erstes nur nach unbekannten Wörtern sucht, kann keinen Zusammenhang erkennen. Sehr oft aber lässt sich der unbekannte Begriff aus dem unmittelbaren Umfeld erschließen. In Zusammenhängen lernen, kann schon damit beginnen, bestimmte Lerninhalte mit markanten Lernorten zu verknüpfen. So könnten die Kinder einmal ausprobieren, ob sie sich einen Sachverhalt besser merken, wenn sie diesen im Schulgarten oder vor einem Gemälde, auf einer Treppe oder in einer Ecke des Klassenzimmers bearbeiten. Auf diesem Weg können sie ihren Lernvorlieben nachspüren, die mit Struktur und Systematik zu tun haben. Etwa, wie ausgeprägt ihr Orientierungssinn ist und wie sie die Locitechnik als Lernhilfe einsetzen können. Wer beim Positionslernen gute Erfahrungen sammelt, wird wahrscheinlich auch Tabellen und Checklisten als hilfreich empfinden. Textstellen zu markieren oder Lernstoff in Kategorien einzuteilen, sind ähnliche Ordnungstendenzen, die sich als Lernhilfe erweisen. Wer beispielsweise beim Memoryspielen sehr erfolgreich ist, sollte diese Fähigkeit als Merkhilfe auch beim schulischen Lernen nutzen.

(Siehe Kopiervorlage auf Seite 148)

8.3 Lernen mit Fantasie

Wer gern Neues ausprobiert, fantasievoll und mit einer gewissen Risikobereitschaft experimentiert, wird seine Lernmöglichkeiten eher entfalten, wenn ihm dazu der nötige Freiraum gewährt wird. Natürlich geht es beim schulischen Lernen darum, bei aller Kreativität den Transfer zum Unterrichtsthema zu bewerkstelligen. Es muss ja nicht jedem gleich so genial gelingen wie Leonardo da Vinci, der es großartig verstanden hat, als ausgezeichneter Naturbeobachter auch das technische Wissen seiner Zeit zu nutzen, indem er technische Biologie betrieben hat, und somit im heutigen Sinne ein Bioniker war. Die neue Wissenschaft der Bionik liefert uns wunderschöne Beispiele mit zahlreichen Transferleistungen aus der Biologie in die Technik. Biologen und Ingenieure lernen voneinander. Zum Beispiel, indem sie ein Spinnennetz untersuchen und feststellen, dass die Fäden eines Spinnennetzes eine größere Festigkeit besitzen und gleichzeitig elastischer sind als ein vergleichbar dickes Gespinst aus Edelstahl.

Eine gute Schule des Denkens verlangt nach Transfer. Transfer als Methode ist ein planmäßiges und folgerichtiges Verfahren, Wissen konkret in die Praxis um-

zusetzen, Gelerntes in einer neuen Aufgabe oder Situation anwenden zu können, sowie Informationen und Aufgaben aus verschiedenen Perspektiven zu betrachten. Viele Kinder sind großartige Konstrukteure und Erfinder von Lösungsstrategien. Um dieses Potenzial zu nutzen, sind diese Kinder mit einer auffallenden Chaostendenz öfter auf die Toleranz der Ordnungsliebenden angewiesen.
(Siehe Kopiervorlage auf Seite 150)

Lernen mit Logik | 8.4

Wer gern knifflige Aufgaben anpackt, mit Freude Denksportaufgaben löst, hat es auf den ersten Blick in der Schule leichter. Beim genaueren Hinschauen wird diese Stärke oft von anderen Schwächen begleitet. So haben diese Kinder, etwa die hochbegabten, oft in der Klassengemeinschaft wegen ihrer besonderen Fähigkeiten zu leiden. Deshalb entwickeln sie häufig eine Distanztendenz und arbeiten lieber allein als in der Gruppe. Wer aber die Erfahrung macht, wie gut das Lernen durch Lehren gelingt, ist gut beraten, immer wieder Situationen zu suchen, einem anderen etwas erklären zu können. Die Empfehlung „Docendo discimus" (durch Lehren lernen wir) hat Seneca schon gegeben. In den Unterrichtsmodellen LdL von Prof. Jean-Pol Martin und WELL von Prof. Diethelm Wahl erfährt diese Methode eine gelungene Weiterentwicklung. Dass solche Verfahren kein „neumodisches Zeug" sind, hat schon der große Theologe und Pädagoge Johannes Amos Comenius vor fast 400 Jahren in seiner „Didactica magica" dargestellt, indem er die Anpassung der Unterrichtsmethode an den kindlichen Lernprozess gefordert hat: „Lehrer, unterrichtet weniger, damit die Schüler mehr lernen." Oder wie es in einem Graffiti an einer Frankfurter Schule zu lesen ist: „Hättet ihr uns weniger erklärt, wir hätten mehr verstanden!"
(Siehe Kopiervorlage auf Seite 149)

Lernen mit Intuition | 8.5

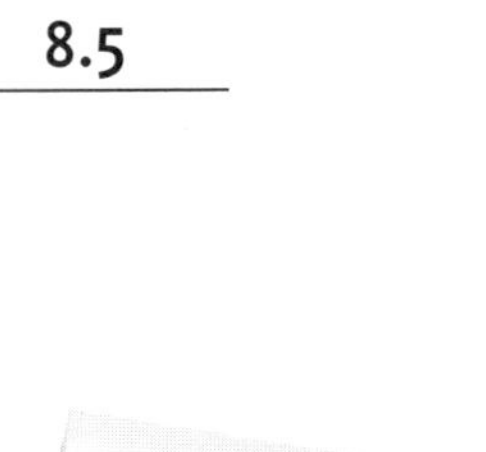

Wenn Lernen gelingen soll, braucht es ein gesundes Lernklima, eine Atmosphäre des Wohlwollens, eine gute Beziehung. Unter diesen Aspekten legt die „Beziehungsdidaktik" besonderen Wert auf ein gutes Lernklima. Lernen soll zum Lernerlebnis werden. Außer handfesten Lern- und Lebensregeln sind gute Erinnerungen das Beste, was wir unseren Kindern von der Schule mitgeben können. Optimale Bedingungen für das Lernen sind: Hohe Herausforderungen, gekoppelt mit einer geringen Bedrohlichkeit. Lernumgebungen müssen als „sicher“ wahrgenommen werden. Geringe Selbstachtung und ein Mangel an Selbstwertgefühl behindern den Lernerfolg.

Die gute Schule fordert viel, gibt aber das Gefühl: Ich meistere es. Ohne Leistung ist alles langweilig. Leistung zu erfüllen, ist ein großes Glück.
(Siehe Kopiervorlage auf Seite 151)

8.6 „Erfolg durch gute Beziehungen“

Was Menschen zu leisten imstande sind, hängt vielfältig von ihren Erfolgserlebnissen ab, hat mit Emotionen zu tun. „Wir brauchen eine Kultur in unseren Schulen, die geprägt wird von den Schwerpunkten Wertschätzung, Anerkennung, Ermutigung und gemeinsame Anstrengung. Überall dort, wo diese wertschätzende, unterstützende und gleichzeitig zu Höchstleistungen anspornende Beziehungskultur entwickelt wird, sind erstaunliche Erfolge zu beobachten.“ Mit dieser Feststellung empfiehlt der Neurobiologe Prof. Gerald Hüther den Schulen, von den guten Erfahrungen zu lernen, die derzeit in der Wirtschaft mit dem Modell „Supportive leadership“ gesammelt werden. „Supportive Leadership“ heißt die neue Führungskultur, mit der es gelingen kann, das kreative Potenzial der Mitarbeiter wiederzuerwecken. Ein „supportive Leader“ vermittelt seinen Mitarbeitern das Gefühl, dass es auf jeden einzelnen ankommt, dass jeder mit seinen Ideen gebraucht wird. Dieses Konzept lässt sich mit der Portfolioarbeit sehr praxisnah auf die Schule übertragen.

Lernmethodik zum Auswählen | 8.7

Die folgende Sammlung von Kopiervorlagen ist eine kleine Auswahl aus den Materialien der Endres-Lernmethodik. („Die Endres-Lernmethodik“, Beltz 2006 „Das Lernmethodikpaket für die Klassen 5 bis 7, Beltz 2006)

Das 4-Farben-Modell der „Pädagoptik“ | 8.8

Die nächsten Arbeitsblätter befassen sich mit der Pädagoptik der Endres-Lernmethodik. Durch entsprechende Tests und Übungen gewinnen die Schüler Erkenntnisse, durch die sie eine gezielte Lernstrategie entwickeln und ihr Methodenrepertoire erweitern können.

Lernen mit System im grünen Bereich
Um ihre Lernchancen besser zu nutzen, spüren die Schüler ihren Stärken nach. Durch die „grüne Brille“ verschaffen sie sich eine Übersicht durch Ordnungssysteme und gute Lernplanung. Sie entwickeln Problemlösungsstrategien und arbeiten mit Prioritäten- und Checklisten.

Lernen mit Logik im blauen Bereich
Durch die „blaue Brille“ entdecken die Schüler die Lust am Denken. Mit einem Schlüssel als Textaufgabenknacker erforschen sie die verschiedenen Lösungswege. Durch ein gezieltes Entscheidungstraining lernen sie, Wichtiges von Unwichtigem zu unterscheiden.

Lernen mit Fantasie im gelben Bereich
Fantasievolles Lernen beflügelt. Um ihr kreatives Potenzial zu nutzen, setzen die Schüler die „gelbe Brille“ auf. Sie probieren Neues aus, machen kleine Lernexperimente und erweitern ihr Methodenrepertoire.

Lernen mit Intuition im roten Bereich
Positive Lernerlebnisse sind besonders wichtig zum Gedeihen des Lernens. Durch die „rote Brille“ betrachten die Schüler ihre emotionale Beteiligung. Dabei unterstützt sie ihr „Gehirn im Bauch“, sodass sie zum Beispiel mit einem guten Gefühl in die Klassenarbeit gehen.

8.9 Grüne Lernideen

Die „grünen" Lernideen unterstützen das systematische Arbeiten. In dem Arbeitsblatt findet der Schüler hoffentlich eine Idee, die ihm einigermaßen gefällt. Die drei besten Ideen könnte er ankreuzen oder in Grün markieren und diese dann in den nächsten Tagen in der Schule oder bei seinen Hausaufgaben immer wieder einmal ausprobieren.
(Siehe Kopiervorlage auf Seite 148)

8.10 Blaue Lernideen

Die „blauen" Lernideen unterstützen die Lust am Denken. In dem Arbeitsblatt findet der Schüler hoffentlich eine Idee, die ihm einigermaßen gefällt. Die drei besten Ideen könnte er ankreuzen oder in Blau markieren und diese dann in den nächsten Tagen in der Schule oder bei seinen Hausaufgaben immer wieder einmal ausprobieren.
(Siehe Kopiervorlage auf Seite 149)

8.11 Gelbe Lernideen

Die „gelben" Lernideen unterstützen die Lust am fantasievollen Lernen. In dem Arbeitsblatt findet der Schüler hoffentlich eine Idee, die ihm einigermaßen gefällt. Die drei besten Ideen könnte er ankreuzen oder in Gelb markieren und diese dann in den nächsten Tagen in der Schule oder bei seinen Hausaufgaben immer wieder einmal ausprobieren.
(Siehe Kopiervorlage auf Seite 150)

8.12 Rote Lernideen

Die „roten" Lernideen unterstützen die Freude am Lernen durch Erfolgserlebnisse und ein gutes Lernklima. In dem Arbeitsblatt findet der Schüler hoffentlich eine Idee, die ihm einigermaßen gefällt. Die drei besten Ideen könnte er ankreuzen oder in Rot markieren und diese dann in den nächsten Tagen in der Schule oder bei seinen Hausaufgaben immer wieder einmal ausprobieren.
(Siehe Kopiervorlage auf Seite 151)

Die Lerntreppe 8.13

Wer sich zunächst einmal nur mit den Bildern beschäftigen möchte, kann seine Gedanken dazu frei erzählen. Wer lieber mit der Arbeitsanweisung beginnt, empfindet die Fragen vielleicht als hilfreich. Im nächsten Schritt soll das Ziel, der „Pokal", konkret benannt werden. Wie heißen die Teilziele, die einzelnen Schritte auf dem Weg zum Pokal? Diese schreibt der Schüler auf und macht sich zum Schluss Gedanken, wie er sich für den Erfolg belohnen wird.
(Siehe Kopiervorlage auf Seite 152)

Vom Wollen zum Können 8.14

In dieser Reflexionsübung soll der Schüler seine Fern- und Nahziele formulieren. Dazu soll er sich Zeit nehmen und Ruhe haben. Ein Gespräch über Zielvorstellungen allgemein und vielleicht auch über das konkrete Ergebnis ist sicher sehr lohnend. Bekunden Sie Ihr Interesse durch offene Fragen, äußern Sie Ihre Meinung dazu, verzichten Sie aber auf Belehrungen.
(Siehe Kopiervorlage auf Seite 153)

Prioritäten setzen 8.15

Wichtiges von Unwichtigem oder weniger Wichtigem zu unterscheiden, ist eine der wichtigsten Voraussetzungen selbstständigen Lernens. Dabei kommt es in erster Linie darauf an, sich entscheiden zu können. Das fällt Schülern in dieser Altersgruppe ganz besonders schwer. Sollen 12- bis 14-Jährige zum Beispiel selbst entscheiden, was für sie schädlich ist und was nicht, sind sie damit überfordert. In der Gehirnforschung heißt es, das Gehirn sei dafür noch nicht ausreichend entwickelt. Der dafür zuständige orbitofrontale Kortex reife erst in der Jugend aus. Dennoch (oder gerade deshalb) ist es sinnvoll, immer wieder Gelegenheiten für ein Entscheidungstraining zu suchen.

Wenn der Schüler sich schwer tut, die Hinweise dieser Liste in eine Rangfolge zu setzen, fällt ihm die Entscheidung vielleicht leichter, wenn er die Plätze in dieser Reihenfolge vergibt: **1 – 5 – 2 – 4 – 3**.
(Siehe Kopiervorlage auf Seite 154)

8.16 4-Tage-Plan

Nach diesem Plan beginnt die Vorbereitung der Klassenarbeit vier Tage vor dem Prüfungstermin mit dem ersten Tag. Als Erstes prüft der Schüler, ob ihm die einzelnen Punkte verständlich sind. Danach kann er abhaken, was er erledigt hat. Zum Schluss sollte er noch konkret festlegen, welche Aufgaben er am nächsten Tag bearbeiten wird.

Diese Aufgaben nimmt er sich am zweiten Tag vor. Er hat noch drei Tage Zeit. Ob er es schafft, so zu lernen, als wäre schon am nächsten Tag die Klassenarbeit zu schreiben?

Am dritten Tag wird das Gelernte überprüft. Der Schüler stellt sich selbst Fragen zum Thema oder lässt sich abfragen. Zwei Tage vor der Klassenarbeit wäre es sehr sinnvoll, mit einem Lernpartner zusammenzuarbeiten. Vielleicht ist das auch ein guter Zeitpunkt, einen Spickzettel zu erstellen. Wer einen richtig guten Spickzettel erstellt, wird (und soll) ihn in der Klassenarbeit gar nicht mehr brauchen.

Am vierten Tag heißt es, rechtzeitig mit dem Lernen aufzuhören. Wer sich das einen Tag vor der Klassenarbeit leisten kann, wird auch mit einem besseren Gefühl in die Arbeit gehen.
(Siehe Kopiervorlage auf Seite 155)

8.17 Dein Lernplakat sollte ...

Um Merksätze, Geschichtszahlen, schwierige Vokabeln oder Formeln besser zu behalten, ist ein gutes Lernplakat ein hervorragendes Mittel. Am besten wäre es, die Empfehlungen an einem konkreten Beispiel auszuprobieren. Die nächste Klassenarbeit bietet sicher genügend Stoff.
(Siehe Kopiervorlage auf Seite 156)

Klassenarbeit im Griff 8.18

Der Schüler bearbeitet dieses Blatt am besten mit einem Farbstift. Er markiert die zutreffende Zahl auf jeder Skala und verbindet diese Punkte von oben nach unten. An welchen Stellen zeigt die „Prüfungsfieberkurve“ besondere Spitzen nach rechts? Ob der 4-Tage-Plan etwas daran ändern könnte? Wenn der Schüler das Datum der nächsten Klassenarbeit einträgt, notiert er am besten schon gleich den Termin, wann er mit dem 4-Tage-Plan beginnt.
(Siehe Kopiervorlage auf Seite 157)

Der Lernvertrag/Mein Lernvertrag 8.19

Menschen, die etwas Wichtiges miteinander vereinbaren und sich gegenseitig ernst nehmen, besiegeln ihre Absprachen schriftlich und schließen Verträge. Manchmal müssen die Bedingungen erst einmal diskutiert und ausgehandelt werden. Nachdem die Regeln und Bestandteile eines Lernvertrages geklärt sind, verfasst der Schüler seinen persönlichen Lernvertrag. Dabei muss er sich darauf verlassen können, dass sein Lernvertrag von niemandem kontrolliert oder bewertet wird. Er dient ihm ausschließlich zur Selbstkontrolle. Wird der Lernvertrag in der Klasse besprochen, könnten Sie jedem Schüler einen Briefumschlag dazugeben. Jeder steckt seinen ausgefüllten Lernvertrag in den Briefumschlag, klebt ihn zu und adressiert ihn an sich selbst. Mit dem Hinweis auf das Briefgeheimnis nehmen Sie die „versiegelten“ Umschläge in Verwahrung und geben sie nach zwei oder drei Monaten wieder zurück. Das wäre ein überraschender Impuls für den Schüler und außerdem eine Vertrauen fördernde Aktion. Wenn Sie noch eine Briefmarke spendieren wollen und den Brief per Post verschicken (vielleicht mit einem Gruß außen auf dem Kuvert), hätte das bestimmt noch einen stärkeren Effekt.
(Siehe Kopiervorlage auf Seite 158f.)

Grüne Lernideen

Wenn du (weitere) gute Lernerfahrungen im „grünen Bereich" sammeln willst, kannst du mit diesen Lernideen systematisches und strukturiertes Arbeiten trainieren:

- ◯ Setze Post-its in verschiedenen Farben und Größen zur Ordnungs- und Strukturhilfe ein.
- ◯ Benutze Textmarker. Zum Beispiel auch bei der Arbeit mit dem Wörterbuch: Nachgeschlagenes Wort gelb markieren, dasselbe Wort im Wiederholungsfall grün, beim dritten Mal sogar rot übermalen.
- ◯ Arbeite mit der Loci-Technik, d. h., teile den Lernstoff in Stichwörter auf, die du auf einzelne Zettel oder Karteikarten schreibst. Diese platzierst du dann gedanklich oder tatsächlich an bestimmten Orten.
- ◯ Verschaffe dir eine Übersicht durch Lernplanung nach Prioritätenlisten. Versieh Aufgaben mit Punkten oder Sternchen, z. B.:

* * * *	sehr wichtig und eilt
* * *	nicht so wichtig, eilt aber
* *	sehr wichtig, hat aber Zeit
*	nicht so wichtig und hat Zeit

- ◯ Trainiere dein Zeitgefühl. Schätze zu Beginn einer Aufgabe, wie viel Zeit du für die Bearbeitung wohl benötigst. Anschließend vergleichst du diese mit der tatsächlich benötigten Zeit. Realistische Zeiteinschätzung ist eine wichtige Vorübung für eine gute Lernplanung. Gute Schätzergebnisse sind außerdem Erfolgserlebnisse.
- ◯ Schaffe dir Zeitreserven. Plane von Zeit zu Zeit einfach die doppelte Zeit ein.
- ◯ Lege Checklisten an. Schon das Zusammenstellen der Punkte, die du abarbeiten willst (oder musst), gibt dir Ruhe und Sicherheit. Außerdem ist das spätere Abhaken ein Vergnügen.

Blaue Lernideen

Wenn du (weitere) gute Lernerfahrungen im „blauen Bereich" sammeln willst, kannst du mit diesen Lernideen dein logisch-analytisches Denken fördern:

- ◯ Trainiere deine Transferfähigkeit. Frage bei neuen Aufgaben nach Analogien und Querverbindungen. Denke dabei an Lösungsstrategien, mit denen du bei vorausgegangenen Aufgabenstellungen erfolgreich warst.

- ◯ Zielsetzungen und ergebnisorientiertes Denken unterstützen das Suchen nach Antworten. Beteilige dich an Zielsetzungsaktivitäten und Zielformulierungen. Analysiere, wie und ob deine Ziele realistisch sind, und arrangiere Zielvereinbarungen mit dir oder einem Lernpartner.

- ◯ Analysiere typische Lehrerfragen. Die einen fragen auffallend oft nach Fakten, Daten, Zahlen, die anderen öfter: warum – wieso – weshalb? Die Entdeckung des Schemas liefert dir wertvolle Anhaltspunkte für die zu erwartenden Prüfungsfragen.

- ◯ Triff regelmäßig Entscheidungen durch bewusstes Auswählen und Weglassen. Trainiere deinen Mut zur Lücke. Du verteilst z. B. dicke Klebepunkte auf einer Textseite und versuchst, beim anschließenden Lesen den „Lückentext" zu verstehen.

- ◯ Ohne Eigeninitiative und Eigenverantwortlichkeit kann sich Lust am Denken nicht entfalten. Dem lässt sich durch Senecas Empfehlung „Docendo discimus" entgegenwirken: Durch Lehren lernen wir. Suche dir deshalb eine/n Nachhilfeschüler/-in. Beim Erklären entdeckst du neue Perspektiven und erweiterst so dein eigenes Wissen.

- ◯ Bearbeite Logeleien wie z. B. den „P.M. Logik-Trainer". Entwirf selbst Denksportaufgaben. Nach diesem Muster kannst du fachspezifische Logikrätsel erstellen. Dabei bearbeitest du den Lernstoff äußerst intensiv – „fast nebenbei". Zum krönenden Abschluss präsentierst du deinen Entwurf im Unterricht.

Gelbe Lernideen

Wenn du (weitere) gute Lernerfahrungen im „gelben Bereich" sammeln willst, kannst du mit diesen Lernideen kreatives und fantasievolles Arbeiten trainieren:

- ○ Verfahre beim Wiederholungslernen nach der paradoxen Intervention: Du notierst oder markierst ein paar wichtige Stichwörter, um diese ausdrücklich nicht behalten zu wollen. Der wahrscheinlich gegenteilige Effekt zeigt, dass wir bei vielem, um das wir verkrampft kämpfen, oft genau das Gegenteil erreichen.
- ○ Erhöhe die Wirkung deiner mündlichen Beiträge durch eine gute Aussprache. Zum Training für eine bessere Artikulation bei Referat oder Präsentation kannst du für dich allein und heimlich einen Text mit einem Weinkorken zwischen den Zähnen laut vorlesen.
- ○ Gehe beim Lernen auf und ab. Erkläre dir dabei einen komplexen Sachverhalt halblaut selbst. Überzeuge dich von der Wirkung dieses Verfahrens, das Heinrich v. Kleist in seinem Aufsatz „Die Verfertigung der Gedanken beim Reden" empfohlen hat.
- ○ Lies oder schreibe gelegentlich an einem Stehpult. Die „Goldene Regel" für einen festen Arbeitsplatz heißt zwar: „Gelernt wird nur am Arbeitsplatz – am Arbeitsplatz wird nur gelernt!" Aber selbst bei goldenen Regeln gilt: Keine Regel ohne Ausnahme!
- ○ Fertige deine Notizen wie eine Lernlandkarte als Mind Map an.
- ○ Arbeite statt mit Stift und Papier oder mit dem Computer hin und wieder mit Tafel und Kreide. Das ist vor allem bei Matheaufgaben sinnvoll, wenn du für die Lösung mehrere Anläufe brauchst. Da ist die Methode „wisch und weg!" oft weniger nervig. Übrigens war das die Lieblingsmethode von Albert Einstein.
- ○ Lerne mit Intervalltraining. Variiere die Reihenfolge des Lernstoffs oder stelle die Kontrolle zurück. Kontrolliere z. B. Vokabeln nicht gleich nach dem Lernen, sondern erst einige Zeit später.

Rote Lernideen

Wenn du (weitere) gute Lernerfahrungen im „roten Bereich" sammeln willst, kannst du mit diesen Ideen dein intuitives Lernen fördern und die emotionalen Bedingungen verbessern:

- ◯ Lege Wert auf ein gutes Lernklima. Gestalte deinen Arbeitsplatz so, dass du dich dort wohl fühlen kannst. Ein schöner Kalender, ein Foto oder Blümchen – oder was immer deinem persönlichen Geschmack entspricht.
- ◯ Unterstütze deine Motivation durch ein Motto. Suche dir einen guten Spruch, ein tolles Gedicht oder Foto für deinen Schreibtisch. Hier ein Beispiel von Novalis: „Siehst du einen Riesen, so achte auf den Stand der Sonne, ob es nicht der Schatten eines Zwerges ist."
- ◯ Interessiere dich für Biografien von Menschen, von denen du beeindruckt bist. Entdecke deine Lieblingspersönlichkeit und lasse dich von deren Gedanken und Haltung oder ihrem Werk inspirieren.
- ◯ Mache „Pausen mit Gefühl". Höre auf, wenn es am schönsten ist. Bevor du in die Pause gehst, überlege kurz, mit welcher Aufgabe du nach der Pause weitermachen willst. Die entsprechenden Unterlagen dafür legst du schon einmal zurecht.
- ◯ Schaffe Distanz beim Problemelösen. Manchmal ist es hilfreicher, eine schwierige Aufgabe zurückzustellen oder eine Nacht darüber zu schlafen. Aber verdränge Probleme nicht. Wenn du nicht weiterweißt, lasse dich von einer Person deines Vertrauens beraten. Oder du gehst einmal zu dir selbst in die „Sprechstunde": Was würdest du jemandem raten, der mit genau diesem Problem zu dir käme?
- ◯ Suche dir eine Lernpartnerschaft. Überlege, welche Aufgaben du besser im Team erledigen willst. Besorgt euch gemeinsam Klassenarbeiten und Prüfungsfragen älterer Jahrgänge. Das ist guter Stoff zum Üben – und manchmal taucht genau dieses Thema in der nächsten Prüfung auf.
- ◯ Schließe mit dir selbst einen Lernvertrag. Schreibe auf und unterschreibe, was du bis wann erledigen willst. Bevor du dein gesetztes Ziel unterschreibst, prüfe ernsthaft, ob du es auch wirklich in die Tat umsetzen kannst.

Die Lerntreppe

Felix will den Pokal holen, doch er steht vor einem Hindernis. Was kann er tun? Was haben die Pfeile zu bedeuten? Warum stehen die kleinen Pokale auf den Treppenstufen?

Mein Pokal heißt:

Um ihn zu erreichen, werde ich ...

1.)

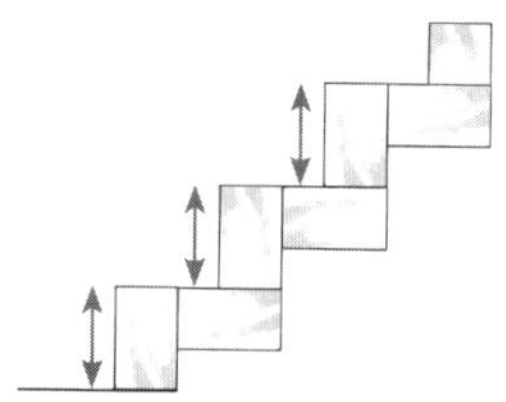

2.)

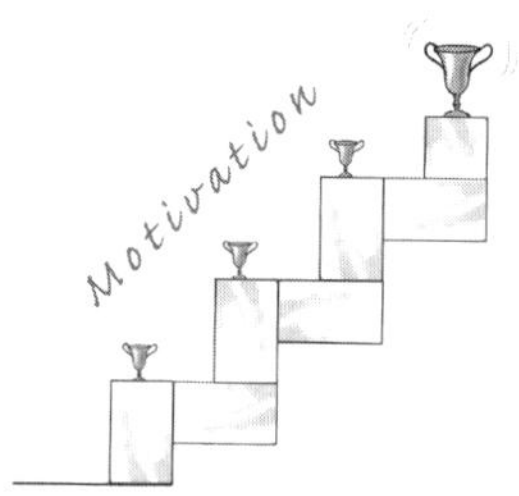

3.)

Wenn ich den Pokal erreicht habe, werde ich ...

Vom Wollen zum Können

Welche Ziele habe ich, wenn ich auf die Schule schaue, auf meine Hausaufgaben, meinen Arbeitsplatz, die nächste Klassenarbeit oder meinen späteren Beruf? Welche Wünsche habe ich, wenn ich an meine Klasse, meine Freizeit oder meine Zukunft denke? Bist du bereit, einige deiner Ziele aufzuschreiben?

1. Was will ich mit Blick auf die nächsten Jahre erreichen?

2. Was will ich im nächsten Jahr erreichen?

3. Was will ich im nächsten Halbjahr erreichen?

4. Was will ich bis nächste Woche erreichen?

5. Was will ich in drei Tagen erreicht haben?

6. Was will ich morgen erreichen?

7. Was will ich bis heute Abend noch erreichen?

Prioritäten setzen

Ordne die fünf Aussagen nach Wichtigkeit, wie du sie siehst. Setze deine eigenen Prioritäten. Gib der wichtigsten Aussage die Ziffer **1.** und der unwichtigsten die Ziffer **5.**

◯ Prioritäten setzen heißt: die anstehenden **Aufgaben nach ihrer Wichtigkeit** sortieren.

◯ Wer Prioritäten setzen kann, strukturiert seinen Tag sinnvoll, stärkt sein Selbstbewusstsein und erhöht durch erledigte Arbeit seine Zufriedenheit.

◯ Jeden Tag mindestens einmal die Frage stellen: **Was ist mir heute wichtig?**

◯ Orientiert an der **Zielvorstellung** entscheiden, nicht nach Lust oder Unlust.

◯ Selbstbeobachtung schärfen: Wie weit neige ich dazu, durch Nebensächlichkeiten anstrengenden und unangenehmen Arbeiten auszuweichen?

4-Tage-Plan

1. Tag

- Überblick verschaffen!
- Was muss ich können?
- Wo kann ich das nachlesen?
- Wo muss ich noch (für mich »Neues«) lernen und üben?
- Mit dem Lernen beginnen.

Schlaue besorgen sich rechtzeitig alte Klassenarbeiten zum jeweiligen Thema!

2. Tag

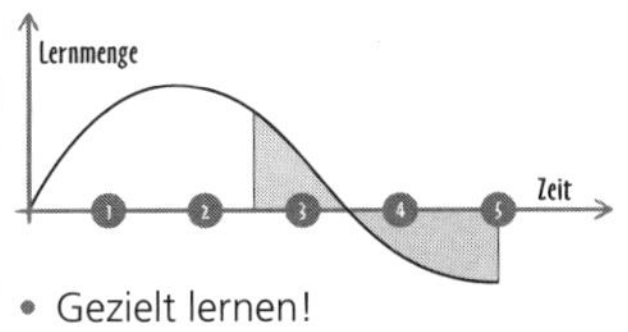

- Gezielt lernen!
- Auf Schwachstellen konzentrieren!
- Nicht überlernen!

3. Tag

- Gemeinsam mit Klassenkameraden üben, sich Fragen stellen und gegenseitig erklären!
- Klassenarbeit selbst erstellen oder alte zur Vorbereitung bearbeiten!

Spickzettel erstellen! Von DIN A2 auf DIN A7 verkleinern!

4. Tag

Ein Tag vor der Klassenarbeit

- Den gesamten Stoff konzentriert wiederholen!
- **Nichts Neues mehr lernen** und nicht bis zur letzten Minute arbeiten!
- Das Gefühl von Sicherheit schaffen!

Dein Lernplakat sollte …

Klassenarbeit im Griff

1. Beginne rechtzeitig mit der Vorbereitung, sonst erzeugst du von Anfang an Stress!
2. Lege während der Vorbereitung Pausen ein!
3. Höre rechtzeitig vor der Klassenarbeit mit dem Lernen auf!

Schätze auf einer Skala zwischen 1 und 10 ein, inwieweit die folgenden Punkte für dich zutreffen.

1. Vor der Klassenarbeit habe ich mich gut vorbereitet, ich führe mir vor Augen, was ich kann.

trifft zu – 1 – 2 – 3 – 4 – 5 – 6 – 7 – 8 – 9 – 10 – trifft nicht zu

2. Vor der Klassenarbeit lasse ich mich von den Mitschülern nicht verrückt machen, die mir erzählen, was sie alles gelernt haben.

trifft zu – 1 – 2 – 3 – 4 – 5 – 6 – 7 – 8 – 9 – 10 – trifft nicht zu

3. Ich lese die Aufgabenstellung zuerst einmal von vorne bis hinten durch und gerate nicht gleich in Panik, wenn ich Schwachstellen entdecke.

trifft zu – 1 – 2 – 3 – 4 – 5 – 6 – 7 – 8 – 9 – 10 – trifft nicht zu

4. Ich kläre rechtzeitig, welche Aufgaben ich nur sehr schwer oder überhaupt nicht lösen kann, um nicht unnötig Zeit zu verlieren.

trifft zu – 1 – 2 – 3 – 4 – 5 – 6 – 7 – 8 – 9 – 10 – trifft nicht zu

Die nächste Klassenarbeit in ____________ schreiben wir am ____________

Das ist mein wichtigster Tipp zur Vorbereitung:

____

____

____

Der Lernvertrag

Gute Vorsätze sind zwar gut gemeint,
führen aber meist nicht zum gewünschten Ziel. Da ist ein Lernvertrag schon wirkungsvoller. Hierbei sind folgende Punkte zu beachten:

1. Vorsätze nur in der Ich-Form schreiben.
2. Klare Aussagen formulieren.
   (Ich werde ... oder: Ich bearbeite ...)
3. Bei jeder Aussage überprüfen,
   ob das gesteckte Ziel realistisch ist.
4. Höchstens zwei Vorsätze auf einmal.
5. Einen Zeitraum für
   die »Vertragsdauer« festlegen.
6. Zum Schluss:
   Ort, Datum, Unterschrift.

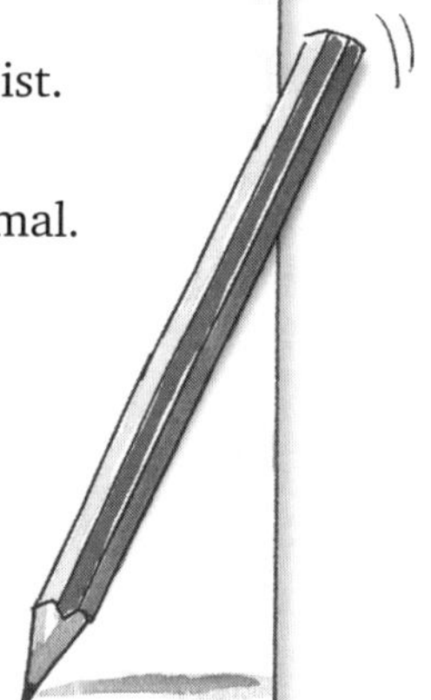

Mein Lernvertrag
Ort, Datum
Unterschrift

9 Literaturverzeichnis

Bohl, T. (2004): Prüfen und Bewerten im offenen Unterricht. Weinheim: Beltz Verlag

Bohl, T. (2003): Offen unterrichten – geschlossen beurteilen? Ausgewählte Problembereiche einer veränderten Leistungsbeurteilung im offenen Unterricht. Veröffentlicht unter http://www.vds-bildungsmedien.de/html/presse/downloads_f.htm. [Manuskript datiert vom 18.7.2007].

Bräuer, T. (2000): Schreiben als reflexive Praxis. Tagebuch, Arbeitsjournal, Portfolio. Freiburg im Breisgau: Fillibach-Verlag.

Brunner, I./ **Häcker**, T./ **Winter**, F. (2006): Handbuch Portfolioarbeit. Konzepte und Erfahrungen aus der Schule und Lehrerbildung. Seelze: Kallmeyer.

Dohmen, G. (2003): Nicht für die Schule, für das Leben – prüfen? Viele Menschen lernen nur für Prüfungen und Zertifikate. Was sind aber Sinn und Grenzen schulischer Prüfungen? Veröffentlicht unter http://www.vds-bildungsmedien.de/html/presse/downloads_f.htm. [Manuskript datiert vom 10.7.2007].

Fenn-Abbenseth, S. (2007): Seminarskript zum erfolgreichen Erstellen von individuellen Bewerbungsunterlagen

Foucault, M. (1994): Überwachen und Strafen. Die Geburt des Gefängnisses. Übers. von Walter Seitter. Frankfurt am Main: Suhrkamp.

Geldermann, B. u. R. (2006): Lernberatung für selbstgesteuertes Lernen – Neue Aufgaben für Bildungsdienstleiser, Bd. 10. Bielefeld: Bertelsmann Verlag

Gläser-Zikuda, M./ **Hascher**, T. (2007): Lernprozesse dokumentieren, reflektieren und beurteilen – Lerntagebuch und Portfolio in der Bildungsforschung und Bildungspraxis. Bad Heilbrunn: Verlag Julius Klinkhardt.

Häcker, T. (2006): Portfolio: ein Entwicklungsinstrument für selbstbestimmtes Lernen – eine explorative Studie zur Arbeit mit Portfolios in der Sekundarstufe, Bd. 3. Baltmannsweiler: Schneider Verlag Hohengehren.

Harke, D. (2003): Lernförderung durch Lernberatung: Materialien. Soest: Verlag für die Schule und Weiterbildung.

Iwan, R. (2005): Zeig, was Du kannst! – Portfolioarbeit als zentrales Anliegen der Waldorfpädagogik. Heidelberg: Menon.

Keefe, C. H. (1995): Portfolios: Mirrors of Learning. In: Teaching Exceptional Children 27/1995, issue 2.

Klingberg, L. (1989): Einführung in die allgemeine Didaktik. Berlin: Volk und Wissen.

Lissmann, U. (1998): Portfolio-Beurteilung in Schule und Hochschule. Vortrag im Rahmen der 56. Tagung der Arbeitsgemeinschaft für Empirische Pädagogische Forschung (AEPF) in Mannheim. Landau.

Melograno, V. J. (1994): Portfolio Assessment: Documenting Authentic Student Learning. Journal of Physical Education, 65/1995, issue 8 (Jg. 65, Heft 8).

Meyer, H. (2000): Unterrichtsmethoden - Theorieband 1. Frankfurt am Main: Cornelsen Verlag Scriptor.

Murphy, S./ **Smith**, M. A.: Writing Portfolio. A Bridge from Teaching to Assessment. Markham, Ontario: Pippin Publications 1992.

Paradies, L./ **Linser**, H. J./ **Greving**, J. (2007) : Diagnostizieren, Fordern und Fördern. Berlin: Cornelsen Verlag Scriptor.

Pätzold, H. (2004): Lernberatung und Erwachsenenbildung. Grundlagen der beruflich-betrieblichen Weiterbildung. Münster: Waxmann.

Schwarz, J. (2001): Die eigenen Stärken veröffentlichen. Portfolios als Lernstrategie und alternative Leistungsbeurteilung. In: Friedrich Jahresheft 19/2001 (Qualität entwickeln und evaluieren).

Schweizer, K. (2006): Leistung und Leistungsdiagnostik. Heidelberg: Springer Medizin Verlag.

Siebert, H. (2001): Selbstgesteuertes Lernen und Lernberatungen. Neue Lernkulturen in Zeiten der Postmoderne. Neuwied/Kriftel: Luchterhand.

Wiedenhorn, T. (2006): Das Portfolio-Konzept in der Sekundarstufe – Individualisiertes Lernen organisieren. Mülheim: Verlag an der Ruhr.